老後のお金の不安をなくす

50代・60代からの
新NISA

株式会社クレア・ライフ・パートナーズ 代表取締役社長
工藤将太郎 著

秀和システム

注意

(1) 本書は著者が独自に調査した結果を出版したものです。

(2) 本書は内容について万全を期して作成いたしましたが、万一、ご不審な点や誤り、記載漏れなどお気付きの点がありましたら、出版元まで書面にてご連絡ください。

(3) 本書の内容に関して運用した結果の影響については、上記(2)項にかかわらず責任を負いかねます。あらかじめご了承ください。

(4) 本書の全部または一部について、出版元から文書による承諾を得ずに複製することは禁じられています。

(5) 本書に記載されているホームページのアドレスなどは、予告なく変更されることがあります。

(6) 商標
    本書に記載されている会社名、商品名などは一般に各社の商標または登録商標です。

はじめに

投資による資産形成の切り札「新NISA」

　現在50代・60代の方は、若き時代に「Japan as No.1」といわれながら、GDP世界第2位の活気あふれる経済大国を支えてきた世代です。反面、「お金は汗水垂らして働いて得るもの」「投資でお金を増やすのは抵抗がある」という価値観が根強い世代であるようにも思います。これまで、朝から晩まで忙しく働いてきて、気がつけば、自分自身の資産形成について考える機会を逃してしまった方も多いように感じます。

　2024年1月から新NISAがはじまりました。この本を手に取った方の中には、「NISA制度がお得だから今すぐはじめなければ損」「老後を安心して過ごすためには、2,000万円の蓄えが必要」と世の中でささやかれ、老後資金の準備について不安を感じている方もたくさんいらっしゃるのではないでしょうか。

　近年の物価の上昇や、将来の年金給付額の減額見通しといった環境の変化に伴い、投資による資産形成の必要性は高まっています。このような流れを受け、投資の切り札として登場したのが、新NISAです。

本書の目的

　本書の目的は、これまで投資に無縁で過ごしてきた50代・60代の方が、投資を使った資産形成を学び、老後資金の準備のため、安心して新NISAを活用できるようにすることです。

　「今からはじめても遅いのではないか」と感じている方も、心配はいりません。本編で詳しく説明しますが、ポイントを押さ

3

えれば、50代・60代からでも、投資でしっかりと老後資金を
つくることができます。

　本書は、これまで投資や資産形成について学ぶ機会に恵まれ
ていなかった50代・60代の方にもわかりやすいように、新
NISAの活用法だけではなく、老後を安心して過ごすための実
践的なお金の準備の方法を基礎から学べるように編集しまし
た。収入や支出の把握、老後の人生計画など、投資をはじめる
以前の基本的な内容についてもページを割いています。少し遠
回りに感じられるかもしれませんが、投資を行う目的を明確に
し、資金計画を立てるためには大切なプロセスです。本書を手
に取った機会に、ぜひお金と人生を改めて見つめてみてくださ
い。

投資に不安を感じている50代・60代の方へ

　2024年8月5日（月）、日経平均株価は、1987年のブラック
マンデー時の下落幅を超える大暴落となりました。折しも、本
書執筆の追い込みをしている最中に、この暴落は起こりました。

　年初にはじまった新NISAで投資をした多くの方にとって、
はじめて現実に訪れた大きな試練となったと思います。そして、
これから新NISAをはじめようとしていた方の中には、「やはり
投資は怖いのでやめよう」と思った方もいるかもしれません。

　しかし、本編を読み、学んでいただければ、投資に対して過
度な不安を感じる必要はないことや、投資をしない不利益のほ
うが大きいということが腑に落ち、前向きな気持ちで投資をは
じめられるようになると思います。

「長期・分散・積立」の原則

　世界の主要な株式市場の相場は、短期的には上昇と下落を繰り返し、時には大暴落を経験しながらも、長期的には経済成長とともに上昇傾向を維持しています。本編では、こうした相場の変動と、経済成長を自分の味方にできる「長期・分散・積立」を原則とした投資方法について、図表を交え、できるだけ平易な言葉で、わかりやすく解説しています。

　50代・60代の方にとって、「長期」という点は不安要素になるかもしれません。しかし、人生100年時代が現実のものとなり、70代以上でも仕事を継続する方が年々増加しています。50代・60代であっても、長期間の積立投資に必要な収入や時間は十分に見込めます。また、これから先のライフイベントなどもおおよそ見当がついてくる世代ですので、将来のお金の収支計画も比較的立てやすく、若年層よりも計画的な資産形成がしやすいことは大きなメリットです。本編の内容は、若年層より運用期間の短い50代・60代向けの具体的な資産形成戦略も充実させました。

　「分散・積立」の点では、50代・60代ではじめて投資をする方でもかんたんに少額からはじめられる、投資信託を活用した方法を紹介しています。商品選定や具体的な積立設定の方法など、すぐに実践で役立てられる内容を盛り込みました。

どんな相場にも負けないための心得

　実際に投資による資産形成をはじめる前に、ひとつ心に留めていただきたいことがあります。それは、資産形成の目的と資金計画を、できるだけ明確に持っておくことです。しっかりと

した目的や計画は、資産形成の基本となる強固な土台であり、いざ相場の暴落に直面したとき、焦らず冷静な判断をするための拠り所になることでしょう。

「ライフマネー」を育てる

誰でも頭では理解しているかもしれませんが、お金は人生の目的ではなく、充実した人生を実現するための手段です。一方で、時にそのお金が、私たちの人生を左右することがあります。

生き方や人生にまで影響をおよぼすからこそ、お金と上手に付き合うための知識をつけ、行動することが必要です。お金は、人生をともに歩むパートナーであるという意味を込め、私たちはお金を「ライフマネー」と呼んでいます。

本書をきっかけに、新NISAを使って「ライフマネー」を育てることを、ぜひはじめてみてください。それによって、みなさまの今後の人生が、より充実した豊かなものになることを祈念しています。

2024年10月
株式会社クレア・ライフ・パートナーズ
代表取締役社長　工藤将太郎

減らしたくない人も、老後に備えたい人も、新NISAではじめよう!

預貯金にも資産目減りのリスク!

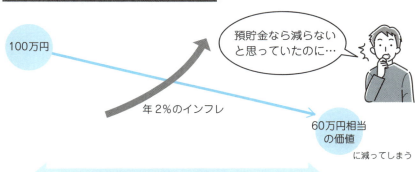

投資するとこんな効果が!

老後のお金の不安をなくす
50 代・60 代からの新 NISA
目次

はじめに　　　　　　　　　　　　　　　　　　　　　　　3

第 **1** 章

50代・60代だからこそやるべき！
新NISA

Section 01
50代・60代も投資する必要があるの？①
預金で持っておくのはリスク！　　　　　　　　　18

Section 02
50代・60代も投資する必要があるの？②
人生100年時代、豊かな老後のために　　　　　20

Section 03
50代・60代だからこそ新NISAをはじめよう！　　22

Section 04
今こそ「貯蓄から投資へ」を実践しよう　　　　　24

Section 05
今さら聞けない、新NISA って？　　　　　　　　26

Section 06
ここが変わった！新NISA①
非課税期間が無期限　　　　　　　　　　　　　28

Section 07
ここが変わった！新NISA②
つみたて投資枠と成長投資枠が併用可能に　　　30

Section 08
ここが変わった！新NISA③
年間投資枠の拡大　　　　　　　　　　　　　　32

Section 09
ここが変わった！新NISA④
生涯投資枠の設定　34

Section 10
新NISAで使える金融商品　36

Section 11
投資で本当にお金は増えるの？　38

第 **2** 章

投資をはじめる前に
知るべきこと・やるべきこと

Section 01
投資とは何か　42

Section 02
「老後のお金が不安」の正体　44

Section 03
老後の人生計画をたてよう　46

Section 04
お金の不安を取り除こう①
収入を把握する　48

Section 05
お金の不安を取り除こう②
支出を把握する　50

Section 06
お金の不安を取り除こう③
投資の目標額を決める　52

Section 07
目的別にお金を分類　54

知って安心、投資の超基本

Section 01 金融商品には何があるの？①
株式 ... 58

Section 02 金融商品には何があるの？②
債券 ... 60

Section 03 金融商品には何があるの？③
コモディティ ... 62

Section 04 金融商品には何があるの？④
投資信託 ... 64

Section 05 金融商品には何があるの？⑤
ETF ... 66

Section 06 金融商品には何があるの？⑥
REIT ... 68

Section 07
リスク＝危険ではない！リスクについて学ぼう ... 70

Section 08
これだけは押さえよう！
為替変動リスクと株価変動リスク ... 72

Section 09 最重要！リスクを抑える3原則①
資産の分散 ... 74

Section 10
最重要！リスクを抑える3原則②
時間の分散 76

Section 11
最重要！リスクを抑える3原則③
長期投資 78

Section 12
リスクを抑える具体策①
長期積立はドルコスト平均法で 80

Section 13
リスクを抑える具体策②
再投資の効果で大きく増やす 82

Section 14
リスクを抑える具体策③
ポートフォリオをつくって分散投資 84

Section 15
リスクを抑える具体策④
リバランスの効果 86

Section 16
リスクの大きさはここでチェック 89

Section 17
自分に合ったリスクで投資しよう 91

Section 18
投資にかかる費用 93

第 4 章
新NISAの入口

Section 01
投資をはじめるまでの流れ 96

Section 02
これで解決！ 金融機関の選び方 98

Section 03
かんたん！口座開設の方法 100

Section 04
違いをマスター！ 特定口座と一般口座 102

Section 05
ポイント活用もできる！決済の方法 104

Section 06
投資信託を積み立ててみよう！ 106

Section 07
意外とややこしい投資信託の残高などの見方 111

Section 08
金融機関変更も可能！ルールを押さえよう 114

Section 09
新NISAの落とし穴 116

Section 10
旧NISAをやっている場合これだけは注意！ 119

第 **5** 章

50代・60代からはじめる
新NISA戦略

Section 01
基本は積み立て！収入があるうちが勝負　　　122

Section 02
積立額の決め方　　　124

Section 03
50代・60代の投資初心者には投資信託がおすすめ　127

Section 04
投資信託の種類①
指数に連動するインデックスファンド　　　129

Section 05
投資信託の種類②
より高い収益性を目指すアクティブファンド　　132

Section 06
失敗しない！投資信託の選び方①
コストが低い商品を選ぶ　　　134

Section 07
失敗しない！投資信託の選び方②
純資産総額が小さい投資信託は要注意　　　136

Section 08
失敗しない！投資信託の選び方③
資金の純流出が続いているものは要注意　　　139

Section 09
失敗しない！投資信託の選び方④
信託期間が無期限のものを選ぶ　　　142

13

Section 10

失敗しない！投資信託の選び方⑤

債券型投資信託に注意する　144

Section 11

初心者におすすめの投資信託①

日本株式のインデックスファンド　146

Section 12

初心者におすすめの投資信託②

全世界株式のインデックスファンド　150

Section 13

初心者におすすめの投資信託③

Ｓ＆Ｐ500のインデックスファンド　153

Section 14

初心者におすすめの投資信託④

バランス型投資信託　156

Section 15

初心者におすすめの投資信託⑤

金に投資する投資信託　158

Section 16

つみたて投資枠の使い方　160

Section 17

成長投資枠の使い方　163

Section 18

新NISAでつくる初心者向けポートフォリオ①

リスク許容度低〜中の人向け　166

Section 19

新NISAでつくる初心者向けポートフォリオ②

リスク許容度中〜高の人向け　168

Section 20

新NISAでつくる初心者向けポートフォリオ③

リスク許容度高めの人向け　170

Section 21
慣れてきたら株式投資に挑戦　　　　　　172

Section 22
株価の変動要因　　　　　　175

Section 23
株式投資の魅力①
配当金で不労所得が得られる　　　　　　177

Section 24
株式投資の魅力②
値上がり益を狙える　　　　　　180

Section 25
株式投資の魅力③
株主優待の楽しみも得られる　　　　　　182

Section 26
50代・60代からのiDeCo　　　　　　184

第 6 章

50代・60代の投資はここに注意！

Section 01
50代・60代のリスクの取り方　　　　　　188

Section 02
金融機関の営業とネット広告に惑わされない　　　　　　190

Section 03
内容が理解できなければ手を出さない　　　　　　192

Section 04
高い利率を謳う金融商品はまず疑う　　　　　　194

15

Section 05
株価下落局面での心構え　　　　　　　　　　　196

Section 06
退職金の運用を焦らない　　　　　　　　　　　199

投資の成否を左右する「出口戦略」

Section 01
分散投資が出口戦略に役立つ　　　　　　　　　202

Section 02
計画的な利益確定でリスクを抑える　　　　　　205

Section 03
課税口座はこう使おう　　　　　　　　　　　　208

Section 04
非課税メリットをさらに有効活用する方法　　　210

Section 05
資産寿命を延ばす！ 賢い取り崩し方　　　　　　212

索引　　　　　　　　　　　　　　　　　　　　215

第 1 章

50代・60代
だからこそ
やるべき！
新NISA

Section 01

50代・60代も投資する必要があるの？①

預金で持っておくのはリスク！

「投資で損をするのは怖い」と思うかもしれませんが、預金だけでは資産価値は増えるどころか減ってしまうことがあります。

預貯金だけではインフレから大切な資産を守れない

50代・60代の方々は、社会人になりたての20代にバブルの絶頂期からバブル崩壊を経験し、働き盛りの30代・40代を「失われた30年」といわれる日本経済とともに生き抜いてこられた世代です。職場の先輩やご両親から、株式や不動産投資で大損した話をさんざん聞かされて、投資は怖いもの、と思い込んでいる方が多い世代でもあります。

老後の生活のためには、資産形成が必要だということは感じていても、投資についての正しい知識を得る機会が乏しかったため、お金がほとんど増えない銀行預金に預けていた方も多いのではないでしょうか。

銀行預金の金利は、ここ30年間、ゼロに近い超低金利が続いています。**それでも多くの方にとって、銀行預金にお金を置いておくだけで問題がなかった理由は、物価が上昇しなかったからです。**

物価の物差しとしてよく使われる経済指標のひとつである、

Section 01　預金で持っておくのはリスク！

消費者物価指数の推移をみると、1998年以降2021年まではほぼ横ばいでした。

しかし2021年頃から、世界的な食糧・資源・エネルギー価格の高騰を受け、日本の物価も徐々に上昇しています。

今後、継続的に物価が上昇すると、預金金利も多少は上昇し、利息収入は増えるかもしれませんが、物価上昇を補うほどにはならないでしょう。**銀行預金だけでは、大切な資産の価値が、目減りしてしまうリスクが高いのです。**

▼ 消費者物価指数の推移

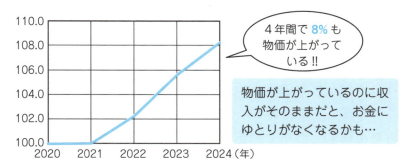

※ 2024年のみ6月単月のデータ、他は年平均
「2020年基準 消費者物価指数 全国2024年6月分」（総務省）より作成

Point
- 物価が上がらない時代は、投資をしなくても問題なかった
- 物価上昇で、預貯金の資産価値は目減りする

50代・60代も投資する必要があるの？②
人生100年時代、豊かな老後のために

誰もが100歳まで生きる可能性がある時代。そのつもりで資金準備をしておくことが大切です。

「人生100年時代」は本当に来ている

　自分の人生が残り何年なのか、と考える時に役に立つのが平均余命です。平均余命とは、それぞれの年齢に達した日本人が、平均して今後何年生きるのか、という期待値です。似た言葉でよく耳にする平均寿命は、0歳の平均余命のことです。

　自分の年齢について考える時は、平均余命をみるほうが適しています。たとえば2022年の簡易生命表（厚生労働省）によると、今60歳の女性は約89歳、60歳の男性は約83歳まで生きるのが日本人の平均ということになります。また、男性は4人に1人、女性は2人に1人が、90歳まで生きる計算です。

　平均余命は、30年前と比べると男女とも約5歳ほど延びています。医療の進歩も考慮すると、**多くの方が100歳近くまで生きる時代がすぐそこまで来ているといえます。**

　また、老後の暮らしを考えるうえでは、健康寿命も重要です。

　健康寿命とは、健康上の問題で日常生活が制限されずに生活できる期間を指し、厚生労働省が公表しています。2019年に

Section 02　人生100年時代、豊かな老後のために

おける健康寿命は、男性が72.68歳、女性が75.38歳です。

　50代・60代は、人生を楽しむ時間は十分にあります。また、長く健康でいるための健康投資や、医療費の備えも必要です。投資を活用した資産形成で、お金の心配がいらない老後を目指しましょう。

▼ 老後はこんなに長い！

平均余命（2022年）

	女性	男性
50歳	38.16年	32.51年
55歳	33.46年	27.97年
60歳	28.84年	23.59年
65歳	24.3年	19.44年
70歳	19.89年	15.56年

「2022年簡易生命表（男女）」
（厚生労働省）より作成

90歳まで生きる割合は…
女性は2人に1人
男性は4人に1人

2023年時点で、100歳以上の人口は9万人超！

（厚生労働省 2023年9月15日プレスリリース
「百歳高齢者表彰の対象者は47,107人」より）

Point
- 男性の25％、女性の50％は90歳まで生きる
- 長い人生を楽しむには、投資を使った資産形成が必要

Section 03

50代・60代だからこそ 新NISAをはじめよう！

50代・60代は最も資産形成に適した年代です。遅すぎるとあきらめず、今から投資をはじめましょう。

50代・60代は貯蓄額が大幅増

「今から投資をはじめるのは、年齢的に遅すぎるのでは？」

そう感じられる方も多いでしょう。しかし、**実は50代・60代こそ、投資をはじめるチャンスです。**

この年代は収入が多く見込め、ある程度自由なお金が増える時期です。右の図を見ると、50代・60代は貯蓄額が大幅に増え、貯蓄額から借入額を引いた純貯蓄は、さらに顕著に増加しています。

定年退職後も働いて、余裕資金をつくれる

定年を過ぎても、働いて収入を得る方が増えています。また、健康寿命は、男性72.68歳、女性75.38歳ですので、70歳までは多くの方が元気に働くことができそうです。

まずは、60歳から70歳くらいまでは労働収入を得て、なるべく余裕資金を多くつくることが大切です。100歳まで生きると考えると、それだけでは不足する可能性が高いため、働くと同時に投資で増やす必要があります。新NISAは、投資で効率よ

Section 03　50代・60代だからこそ新NISAをはじめよう！

くお金を増やすための心強い制度ですので、この本でしっかり学んで活用できるようにしましょう。

▼ 世帯主の年齢別にみた1世帯あたり平均貯蓄額

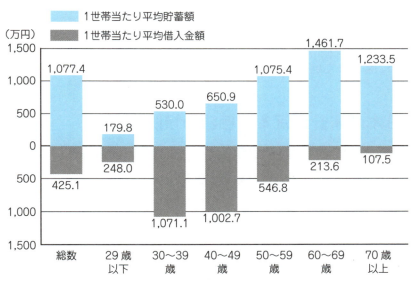

厚生労働省 国民生活基礎調査（2019年）より作成

1)「1世帯当たり平均貯蓄額」には、不詳及び貯蓄あり額不詳の世帯は含まない。
2)「1世帯当たり平均借入金額」には、不詳及び借入金あり額不詳の世帯は含まない。
3) 年齢階級の「総数」には、年齢不詳を含む。

Point
- **50代・60代は、実は最もお金が貯まる年代**
- **退職後も働くことで、余裕資金を作れる**

Section 04

今こそ「貯蓄から投資へ」を実践しよう

新NISAがはじまったことで、多くの方が「貯蓄から投資へ」を実践しはじめています。

日本の家計に眠る、巨額の預貯金

2024年第1四半期を対象とした「資金循環統計」（日本銀行）によると、日本の家計が保有する現金と預貯金の残高は1,100兆円を超え、家計の資産のうち約51％を占めています。一方、投資信託や株式等は20％程度です。米国では逆に現預金が約12％、投資信託や株式等が約53％です。また、投資割合が多い米国は、20年超で家計資産が日本の倍以上増えています（右下図）。

新NISAで目指す資産所得倍増

家計の預貯金などが株式投資に向かえば、企業が成長するための原資になります。企業が稼ぐ力を高めれば、株主に収益をより還元できるようになり、家計が投資で得る利益も増加します。**このような好循環を築くための施策の目玉が新NISAです。**

新NISAで投資された額の累計は、2024年5月に6兆円を超え、前年に旧NISAで投資された額の4.2倍となりました。

貯蓄から投資への流れは確実に進んでいます。好循環をはじ

24

Section 04　今こそ「貯蓄から投資へ」を実践しよう

める経済の恩恵を受けるため、「貯蓄から投資へ」を実践しましょう。

▼ 家計の金融資産構成の日米比較

米国の家計は、日本と比べて投資の割合が高い

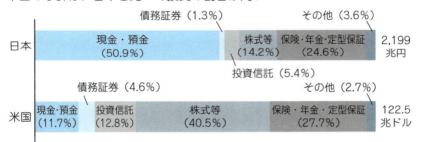

日本銀行調査統計局「資金循環の日米欧比較」（2024年）より作成

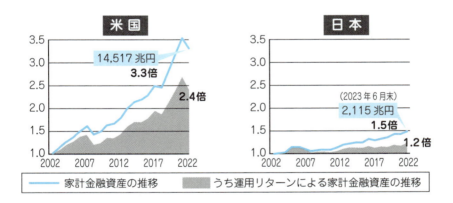

（注）上記の運用リターンによる資産の伸びは、資産価格の変動による伸びから算出しており、利子や配当の受取りを含まない。
（注）2022年末時点の値。米国については、22年12月末の為替レートにて換算（1ドル＝131.12円）
令和5年10月4日 内閣官房 新しい資本主義実現本部事務局「資産運用立国に関する基礎資料」より

Point
- 日本より資産所得が多い米国の家計は、投資に積極的
- 「貯蓄から投資」の流れは加速している

Section 05

今さら聞けない、新NISAって？

新NISAは国が用意した、投資にかかる税金が非課税になる制度です。活用して、老後資金を効率よく増やしましょう。

そもそもNISAとは？

NISAは日本語で「少額投資非課税制度」といいます。**株式や投資信託などへの一定額以内の投資で得られた利益に税金をかけないという、国が用意した個人のための税金優遇制度です。**

通常、投資で得た利益には20.315％の税金がかかります。**NISAを使えばこれが免除されるため、実現した利益の手取りが約20％増えるという、お得な制度なのです。**

この制度を国が用意した目的は、投資による個人の長期的な資産形成を支援することです。また、個人の預貯金を投資に誘導し、低迷している日本経済を活性化させる狙いもあります。

なお、「NISA」という金融商品があると思っている方もいるようですが、そうではありません。NISAは投資で得られた利益が非課税になる制度や、そのために使う口座を指します。

新NISAでパワーアップ

新NISAの前身である制度は2014年にスタートしましたが、投資期間が決まっているうえに、非課税で投資できる金額も少なく、個人の投資による長期的な資産形成を支援するためには

Section 05　今さら聞けない、新NISAって？

十分な制度とはいえませんでした。

　新NISAは、非課税で投資できる期間が無期限になり、投資できる金額も大幅に増えるなど、特に長期的な資産形成に利用しやすいようにパワーアップしました。

▼ 新NISAの概要

	つみたて投資枠	成長投資枠
年間投資枠	120万円	240万円
非課税保有期間	無期限	
生涯投資枠	1,800万円（投入資金の総額。売却した場合、翌年からその分の枠が復活　※簿価残高方式で管理）	
		うち1,200万円
投資対象商品	長期の積立・分散投資に適した一定の投資信託・ETF（金融庁の基準を満たしたものに限定）	上場株式・投資信託・ETF・REIT　ただし、次の①〜⑤を除く　①監理・整理銘柄　②信託期間20年未満の投資信託　③高レバレッジ型等の投資信託　④毎月分配型の投資信託　⑤その他条件に合致しないもの
買付方法	積立	一括・積立
対象年齢	18歳以上	

金融庁ホームページを参考に作成

Point

● **NISAとは、投資の利益が非課税になる制度**

● **新NISAを使えば、投資でお得に資産形成ができる**

非課税期間が無期限

ここが変わった！新NISA①

新NISAなら、いつ売っても税金は非課税です。長期積立投資で、その効果はさらに高まります。

一生使える非課税枠で、長期投資を無税で実現

　旧NISA制度では、一般NISAは5年間、つみたてNISAは20年間が最長というように、非課税期間が決まっていました。そのため、非課税期間内に利益を出して売却しないとメリットが得られず、長期の資産形成には使いにくい仕組みでした。

　新NISAは、非課税期間が無期限ですので、いつ売っても利益に税金はかかりません。管理もシンプルで、ぐっと使いやすくなりました。

非課税のインパクトをシミュレーション

　無期限で非課税になるとどのくらいメリットがあるのかピンとこない方は、右の図を見てください。毎月10万円ずつ、10年間継続して積立投資をし、リターンは年利回り5％、年複利で運用した場合を想定したシミュレーションです。

　新NISAを活用して投資をした場合、10年後の投資元本は1,200万円、手元に残る資産額は約1,550万円になります。利益の約350万円に対して、税金がかからないということです。

Section 06　非課税期間が無期限

一方で、新NISAを活用しなかった場合は、投資元本は同じ1,200万円ですが、収益に20.315%の税金が課せられるので、手元に残るのは約1,479万円です。新NISAを使うだけで、71万円以上の差が生まれるのです。長い期間投資をすればするほど、どんどんその差は開きます。

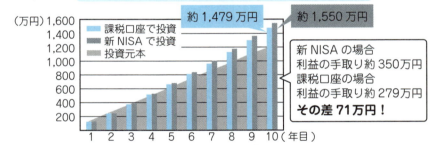

▼ 新NISAと課税口座で、それぞれ投資した時の比較

運用する条件
- 年利回り5%(年複利)
- 毎月10万円(年間120万円)の積立投資を10年間継続
- 年に1度5%のインカムゲインが入る
- 課税口座の場合、インカムゲインに都度課税される

※インカムゲイン：資産を保有している間に得られる利益

新NISAの場合 利益の手取り約350万円
課税口座の場合 利益の手取り約279万円
その差71万円！

※この図はイメージをつかんでもらうために単純化したものです。実際は値下がりしてマイナスになるタイミングも考えられます。アップダウンを繰り返して、長期で増えていくものだと考えてください。

Point
- 新NISAは非課税期間が無期限
- 長期で投資するほど非課税のメリットはふくらむ

Section 07

ここが変わった！新NISA②

つみたて投資枠と成長投資枠が併用可能に

つみたて投資枠と成長投資枠の違いを押さえておきましょう。

初心者はつみたて投資枠から使うのがおすすめ

旧NISA制度は、つみたてNISAと一般NISA、どちらかの選択制でした。**新NISAは、つみたてNISAと同様の対象商品に投資できる「つみたて投資枠」と、一般NISAに近い商品群に投資できる「成長投資枠」の2つが用意され、併用が可能です。**

つみたて投資枠と成長投資枠は、投資できる商品の種類・年間投資枠の金額に違いがあります。**つみたて投資枠は積立投資のみに対応しており、一括でまとめて購入することはできません。**また、**投資できる商品は、金融庁の基準を満たした投資信託などに限定されています。**対して**成長投資枠は、積立投資も、一括で大きな額を投資することも可能で、株式を含めた幅広い商品に投資できます。**

成長投資枠は、年間120万円以上の投資をしたい人や、相場環境を見ながら一度に多くの金額を投資したい場合に活用できます。成長投資枠でしか購入できない投資信託や、株式に投資をしたい場合も、こちらの枠が役立つでしょう。

成長投資枠のほうが、いろいろな使い方ができる分、投資に

Section 07 　つみたて投資枠と成長投資枠が併用可能に

慣れた人向きです。初心者であれば、つみたて投資枠のみを利用するだけでも十分ですので、まずはこちらからはじめましょう。
　なお、つみたて投資枠と成長投資枠は、別々の金融機関で利用することはできないことに注意してください。

▼ つみたて投資枠と成長投資枠

併用が可能！

つみたて投資枠
- 年間 120 万円まで投資できる
- 長期・積立・分散投資に適した一定の商品に投資できる
- 買付方法は積み立てのみ

成長投資枠
- 年間 240 万円まで投資できる
- 株式を含む幅広い商品に投資できる
- 買付方法は積み立てでも一括でも OK

つみたて投資枠と成長投資枠の詳細や、詳しい使い方は、第 5 章 16 節・17 節で解説します。

Point
- つみたて投資枠と成長投資枠は併用できる
- つみたて投資枠は積立投資のみ可能。投資できる商品も限定される
- 成長投資枠は積立投資も一括投資も可能。幅広い商品に投資できる

年間投資枠の拡大

年間投資枠は、トータル360万円です。無理に使い切るのではなく、計画的な長期積立を心がけましょう。

つみたて投資枠、成長投資枠ともに大幅拡大

年間投資枠とは、1年間に非課税で投資ができる金額の上限のことです。

旧制度では、つみたてNISAの年間投資枠は40万円でしたが、**新NISAのつみたて投資枠は、120万円に拡大しました。**月あたり10万円の積み立てができますので、初心者ならこちらの枠で十分かもしれません。また、一般NISAの年間投資枠は120万円でしたが、**新NISAの成長投資枠は240万円です。**

第1章7節で説明した通り、2つの枠は併用が可能です。合計で年間360万円の投資元本までは、投資で得られた利益に対して、税金を払わなくてよいのです。

繰越と再利用ができないことに注意

使い切らなかった年間投資枠は、翌年に繰り越せません。たとえば、2024年につみたて投資枠で30万円しか使わなかったとしても、2025年のつみたて投資枠は、あくまで120万円です。

枠を使いきらなくても問題はありません。たとえば、60歳から70歳までの間で、生涯投資枠である1,800万円（詳細は第

Section 08　年間投資枠の拡大

1章9節）を使い切るには、年間180万円を10年間投資すればよいのです。無理せず、計画的な長期積立を心がけましょう。

また、年間投資枠は、一度売却しても同じ年のうちは再利用できないことに注意してください。

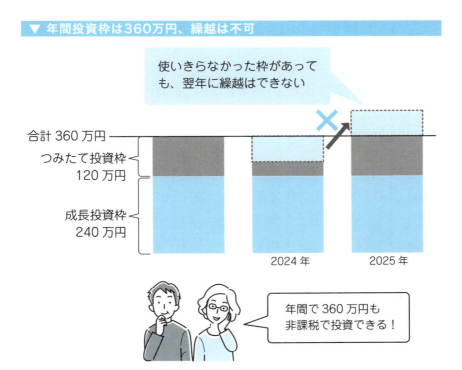

▼年間投資枠は360万円、繰越は不可

Point

- つみたて投資枠は年間120万円、成長投資枠は年間240万円まで利用可能
- 年間投資枠は翌年に繰り越せない
- 年間投資枠は、無理をして満額使い切らなくてもOK

Section 09

ここが変わった！新NISA④

生涯投資枠の設定

生涯投資枠とは、新NISA口座で一生涯に投資できる上限金額のことです。1人1,800万円と設定されています。

夫婦なら合計3,600万円の非課税枠

　生涯投資枠が設定された背景は、高所得者層に対する過度な税制優遇を避けるためです。たとえば、30歳から75歳まで、年間投資枠の全額である360万円を新NISAで毎年投資すると、1億6,200万円も非課税で投資できることになります。こうしたことを避けるために、生涯投資枠があります。なお、生涯投資枠は新NISAで金融商品を買った金額（簿価（購入時手数料などは含まない））で計算されます。

　枠は1人1,800万円ですので、夫婦合わせれば3,600万円分、非課税で投資ができます。一般的な老後資金の準備としては十分だといえるでしょう。

　生涯投資枠のうち、成長投資枠で使えるのは1,200万円までです。つみたて投資枠にそのような制限はなく、つみたて投資枠だけで1,800万円使い切ることもできます。

売却したら翌年に復活

　生涯投資枠は、金融商品を売却した分、売却した翌年に復活します。たとえば右図のように、新NISAで2024年と2025年

Section 09　生涯投資枠の設定

にそれぞれ120万円金融商品を購入した場合、2025年時点の生涯投資枠の残りは1,560万円になります。2026年に120万円分売却すれば、その翌年に売却分が復活し、2027年の生涯投資枠は1,680万円になります。

　注意点は、復活した生涯投資枠を使う時は、年間投資枠も考えなければならない点です。

　たとえば、ある年に500万円売却すると、その翌年に生涯投資枠は500万円分復活しますが、翌年に新NISAで投資できるのは、年間投資枠である360万円までです。

▼ 売却分は翌年に復活する！

生涯投資枠は簿価（購入した時の価格）で計算されます。売却して復活する枠は、簿価で考えましょう。

Point
- 生涯投資枠は1人1,800万円
- そのうち成長投資枠で使えるのは1,200万円まで
- 生涯投資枠は、売却した分、翌年に復活する

Section 10

新NISAで使える金融商品

新NISAで選べる金融商品は、つみたて投資枠と成長投資枠で重複する部分・異なる部分がありますので、理解しておきましょう。

つみたて投資枠で購入できる商品

つみたて投資枠は、購入時にかかる手数料が無料（ノーロード）、信託報酬（保有中にかかる費用）が一定水準以下など、**金融庁が定める要件を満たす、厳選された投資信託やETF（上場投資信託）**で、約300本の商品が対象です（投資信託やETFについての解説は第3章4節・5節）。

投資信託には何千もの種類があり、初心者が商品を選ぶのはとても大変です。つみたて投資枠の対象は、「長期の積み立てで分散投資をするなら、このような商品から選びましょう」という、金融庁の基準にのっとった商品です。投資に不慣れな人は、つみたて投資枠の商品をメインに積み立てるのがおすすめです。

成長投資枠で購入できる商品

成長投資枠の対象は、つみたて投資枠で購入できる商品に加え、それ以外の投資信託やETF、上場株式、REIT（上場している不動産投資信託）が対象です。上場株式は、国内の株式の他に、条件に適合した海外株式も対象です。

_{Section} **10** **新NISAで使える金融商品**

　投資信託については、対象商品の一覧が投資信託協会のホームページ上に掲載されています。対象外になる商品や要件については、下の図を確認してください。

　なお、実際に購入できる金融商品は、金融機関によって異なります。購入したい商品の取り扱いがあるか、新NISA口座を開設する予定の金融機関で確認しておきましょう。

▼ 新NISA対象の金融商品

つみたて投資枠の対象商品

長期・積立・分散投資に適した一定の商品
　→ **投資信託 ETF**
　※ 詳しい要件は第5章16節を参照

> 少額からコツコツ積立。銘柄も長期資産形成にぴったりのものが選ばれているから初心者向き！

成長投資枠の対象商品

対象となる商品	上場株式、投資信託、ETF、REIT
対象とならない商品	非上場株式、監理銘柄・整理銘柄、債券、公社債投資信託、信託期間20年未満の投資信託、毎月分配型の投資信託、高レバレッジ型の投資信託

> 選択肢が多いので、いろいろな商品に投資ができる！

※ それぞれの金融商品については、下記にて解説
　投資信託→第3章4節・第5章3節　　上場株式→第3章1節・第5章21節〜25節
　ETF→第3章5節　　　　　　　　　　REIT→第3章6節

Point

● つみたて投資枠は、金融庁が定める要件を満たす投資信託やETFが対象

● 成長投資枠は、幅広い投資信託や上場株式なども選べる

1

50代・60代だからこそやるべき！　新NISA

37

Section 11

投資で本当に
お金は増えるの？

株式投資でなぜお金が増えるのか、仕組みを理解しましょう。

株式でお金を増やせる理由

株式で利益が得られる仕組みの基本は、「投資した企業の利益の一部を還元してもらえる」という点にあります。

企業が事業を営むには、資金が必要です。株式を発行するのは、その資金を集めるためです。「お金が必要だから我が社にお金を出してください」と募るだけでは出してくれる人がいないため、利益が出たら一部を還元することを前提に、投資家から資金を集めるのです。利益が出れば、株式を買った人（株主）は、その一部を配当金などの形で受け取れます。

株式を持つことで、企業が事業を行ったことによる利益を自分も得られます。利益をあげ続ける企業に投資をすることで、お金を増やすことができるのです。

イノベーションと人口増加が世界の株価上昇を支える

世界経済は、ITテクノロジーなどのイノベーションにより成長しています。企業が株式を公開し、投資家の支持を受けられれば、多くの資金を獲得できます。その資金を研究開発などに投入し、新たなイノベーションにつなげます。成長する企業が

Section 11　投資で本当にお金は増えるの？

増え、そこにお金が集まると、株価が上昇していきます。

　また、日本の人口は減少していますが、世界の人口は増加しています。2024年7月に出された国連世界人口推計2024年度版では、世界人口は2024年半ばまでに約82億人に達し、2080年代半ばに103億人でピークを迎えると発表しています。人口増加は新たな消費と労働力を生み、経済成長の源となります。

イノベーションと人口増加に支えられているからこそ、世界の株価は、長期的には上昇トレンドを維持していくことが期待されます。

▼ 暴落があっても相場は必ず戻ってきた

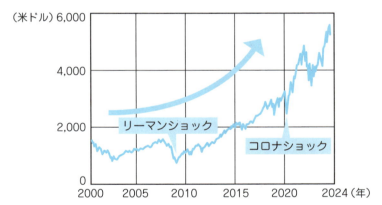

※ S&P500（米ドルベース、配当込み）2000年8月1日から2024年8月1日までの推移。

Point
- イノベーションにより、世界の企業は成長している
- 世界の人口は増加し続けている
- イノベーションと人口増加が株価の上昇の源泉

Column　金融リテラシーを高める

「金融リテラシー」という言葉を、よく耳にするようになりました。

高度化する社会経済の中で、不安なく安定した生活をしていくためは、お金についての正しい知識や知恵、そして適切な判断能力が必要となります。そうした知識や能力が、金融リテラシーです。

欧米先進諸国の多くでは、金融教育が初等教育のカリキュラムに組み込まれています。また、家庭でもお金についてオープンに話し合う文化があり、暮らしの中で実践的なお金の知識を身に付けてきた方が多いようです。

日本においても、国民の金融リテラシー向上が必須であるとして、近年、政府などがさまざまな施策を展開しています。

文部科学省は、2023年度より、小中学校の指導要領にお金に関する基礎的な事項の内容を組み入れました。また、高等学校では、家計や資産形成などを必修の内容として、家庭科などの科目に組み入れました。これまでタブー視されがちだった、家庭内でのお金の話も、今後は家族みんなの関心ごととして、自然なかたちで会話ができるようになるのではないでしょうか。

金融庁は、金融機関やその他業界団体と連携し、これまで金融教育を受けた経験のない大人層をターゲットとしたセミナーを開催するなど、さまざまな支援施策を打ち出しています。

新NISAの制度も、こうした金融リテラシーの向上を基盤として、国民の間により深く浸透していくことが期待されています。

50代・60代の方も、今からでは遅いということはありません。セミナーや書籍などを活用して、金融リテラシーを向上させ、それを資産形成に活かすことが、これから訪れる長い老後の人生を、より豊かにすると思います。

第 2 章

投資を
はじめる前に
知るべきこと・
やるべきこと

Section 01

投資とは何か

新NISAで投資をはじめる前に、そもそも投資とは何かについて
考えてみましょう。

投資と預金の違い

　投資とは、お金を増やす目的で、株式・債券・投資信託など
の価格が変動する金融商品などに資金を投じることです。将来
が有望だと思う投資先に長期的にお金を託し、そのお金が増え
ることを期待するものです。**株式や投資信託では、投資先の業
績や運用成果などが、配当金や分配金という形で、投資家に還
元される場合がある反面、価格が下落して損失が出ることもあ
ります。**一方で、預金は元本と利息が保証されています。その
代わり、昨今は低金利が続いているため、利息は期待できず、
ほとんど増やすことはできません。

投資と投機

　投資と投機は明確な区別が難しいですが、一般的に投資は付
加価値を生むものに資金を投じること、投機は価格の動く方向
を予測し、価格の差分を利益の源泉とする行為だといわれます。
　手持ちの資金を金融商品や不動産などに投入し、ある程度の
長期間保有することにより、売却時の値上がり益（キャピタル
ゲイン）や、保有期間の利息や配当金・分配金など（インカムゲ
イン）を得ようとすることは、投資にあたります。

Section 01　投資とは何か

　一方、投機は、短期的な値上がりや値下がりのタイミングをとらえ、頻繁に売買を繰り返すことでリターンを得ようとします。取引市場においては、投機筋といわれるプロフェッショナルが存在し、時に市場を大きく変動させることがあります。投機には、市場取引に関する深い知見と経験に加え、価格変動に対する研ぎ澄まされた感性が必要となります。

▼ 預金・投資・投機の違いは？

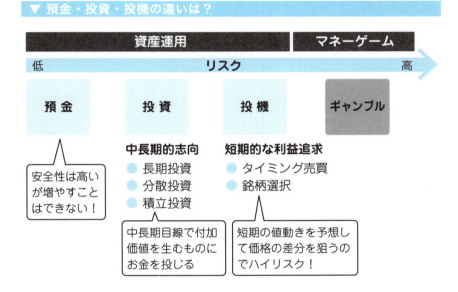

Point
- 預金は安全性が高いが、ほとんど増えない
- 投資は、利益と損失、どちらの可能性もある
- 投機には、値動きを捉える経験や感性が必要

Section 02

「老後のお金が不安」の正体

多くの方が、老後の生活資金に不安を感じています。まずは、老後の家計についての正しい状況把握が大切です。

老後資金が不安な人は多い

クレア・ライフ・パートナーズが実施した、20代から50代までの現役会社員を対象としたアンケート調査では、将来に不安を感じている人は、全体の8割を超えています。そのうち54%が「老後の生活資金に不安を抱える」という結果でした。年代が上がるほど、その割合が高くなっています。

大切なのは、老後の家計を正しく把握すること

老後のお金が不安になる最大の要因は、自分自身の現状を把握できていないことかもしれません。お金のことがよくわからず、闇雲に不安を感じている人が多いように思われます。

「年金はあてにならない」「老後のために最低2,000万円の蓄えが必要」といった話を聞かされると、なおさら不安になってしまうでしょう。

このような不安を感じたら、まず老後のお金に関する自身の状況を、できるだけ正しく把握することからはじめましょう。会社員であれば、厚生年金・企業年金・退職金、個人事業主で

Section 02　「老後のお金が不安」の正体

あれば、国民年金・国民年金基金・小規模企業共済などで受け取れる金額を把握しておく必要があります。個人年金保険に入っている人は、受取金額と期間の確認が必要です（第2章4節参照）。

　また、50代・60代は、老後をどう生きたいかを真剣に考え、具体的なプランのイメージを持つことも大切です。それによって、老後の支出は大きく変わります。1つのプランに定まらないのであれば、いくつか用意しておくとよいでしょう。

　今、知っておくべきことや考えるべきことを、しっかりと認識しておくことが資産運用の原点です。次の節から、お金の不安を取り除くための方法を解説します。

▼ 老後の不安を解消するには

将来のお金のことがわからないとなんとなく不安……

お金について現状を把握する

老後はどう生きたいか考えるのも大切！

Point
- 老後のお金の不安は、現状の把握不足が要因の1つ
- 老後をどう生きたいかを考えることも大切

Section 03

老後の人生計画を
たてよう

老後をどう生きたいかを考え、人生計画を可視化してみましょう。状況変化に応じ、軌道修正していくことも重要です。

老後をどう生きたいかが、投資の原点

　人生の展開は正確に予想できないので、計画をたてるのは難しいことです。しかし、現時点の状況に基づいて計画をたててみることが、大切なお金を投資して資産形成していく拠りどころになります。

　以下、**具体的な計画のたて方のヒントを参考に、自分自身の人生計画もつくっていきましょう**。また、計画は絶対ではありません。状況の変化に応じ、計画を修正していく柔軟性を持つことも重要です。

計画をリスト化し、費用を見積もる

　まずは、次の4つを考えてみましょう。

①定年退職はいつか
②再雇用で働くか、退職するか
③予想されるイベント
④趣味や旅行などのやりたいこと

Section 03　老後の人生計画をたてよう

　④は、とにかく思いつくままに書き出すことが大切です。ポイントは、予算・体力的に厳しいと思っても、やりたいと思ったら気持ちに素直にリストアップすることです。船で世界一周、絵の個展を開く、などの大きな夢もどんどん書きましょう。

　次に、③と④にかかる費用を調べて見積もりましょう。最後にライフイベント表をつくって計画と予算を書き込みましょう。

▼ 老後の人生計画を可視化する

◆ライフイベント表の例

年齢(本人)	年齢(配偶者)	イベント	費用	メモ
60歳	60歳	住宅ローン完済（繰り上げ返済）	300万円	
60歳	60歳	退職記念旅行（海外）	150万円	
60歳	60歳	再雇用で働き始める	−	年収380万円に（夫婦合計）
65歳	65歳	年金受給開始	−	年金で年収が+351.6万円（夫婦合計）
66歳	66歳	全身をMRIで検診（夫婦2人とも）	20万円(2人合計)	
68歳	68歳	車買い替え	150万円	

◆やりたいことリストの例

本人

やりたいこと	時期	費用
絵を習う	60歳〜85歳まで	1万円/月　トータル300万円
一人旅をする	65歳	20万円
DIYで自宅リフォーム	65歳	100万円（トータル目安）
年に2回は夫婦で高級レストランへ行く	毎年、85歳まで	20万円/年　トータル500万円

配偶者

やりたいこと	時期	費用
年に1度友人と旅行	毎年、85歳まで	5万円/年　トータル125万円
フラダンスを習う	60歳〜85歳まで	1万円/月　トータル300万円
ネットショップを開く	62歳〜	50万円

未来をイメージして、予定されていることや、やりたいことをどんどん書いていきましょう。

Point
- 老後をどう生きたいかを起点に、人生計画をたてる
- ライフイベント表をつくり、人生計画を可視化する

Section 04

お金の不安を取り除こう①

収入を把握する

お金の不安を取り除く第一歩は、収支の把握です。まずは、老後の収入を確認しましょう。

公的年金を確認する

もらえる予定の公的年金は、ねんきんネットかねんきん定期便、あるいは相談所などで確認しましょう。ねんきんネットには、「将来の年金額を試算する」というページがあります。また、厚生労働省が提供する「公的年金シミュレーター」は、データを入力すると年金額が試算できます。右図のケースだと、収入が年金のみになった場合の年収は、夫婦合計で351.6万円になります。年金事務所、街角の年金相談センターに相談して確認することもできます。

企業年金、退職金、個人年金、iDeCoを確認する

企業年金や退職金は、会社の人事・総務担当者へ確認するのが一番確実で手軽ですので、一度照会しておきましょう。

個人年金保険の場合は、生命保険会社が定期的に発行するお知らせ書類や、加入者用Webサイトから、受け取れる金額を確認することができます。

iDeCo(個人型確定拠出年金)加入者は、受給額などの目安を計算しておきましょう(iDeCoについては第5章26節参照)。

Section 04　収入を把握する

定年後も働く場合は労働収入を確認する

　定年後の収入は、一般的に現役時代の半額程度が目安といわれています。継続雇用を検討している場合は、制度を確認しましょう。

▼ 将来もらえる年金額の例

1965年生まれ同士の夫婦のケース

	公的年金	企業年金
夫（本人）	200万円	62.6万円
妻（配偶者）	89万円	0万円

合計　351.6万円

本人

年　齢	年金加入状況	年　収
20〜21歳	国民年金に加入	0万円
22〜26歳	厚生年金に加入	300万円
27〜36歳	厚生年金に加入	450万円
37〜41歳	厚生年金に加入	600万円
42〜59歳	厚生年金に加入	800万円

配偶者

年　齢	年金加入状況	年　収
20〜21歳	国民年金に加入	0万円
22〜27歳	厚生年金に加入	250万円
27〜59歳	第3号被保険者	0万円

※企業年金は、「企業年金に関する基本統計（2023年調査）」（企業年金連合会）の平均年金額
※公的年金は、上記の仮定で厚生労働省の「公的年金シミュレーター」を用いて算出

Point

● 年金などの受取額を確認することが大切
● 公的年金はシミュレーションで受取額を確認できる

2

投資をはじめる前に知るべきこと・やるべきこと

Section 05

お金の不安を取り除こう②

支出を把握する

支出の把握をすることで、いくらあれば同じ水準の生活を送れるのか、明確にできます。

現状を踏まえて、老後の支出を見積もっておく

老後の支出を算出するためには、今の暮らしにかかっている金額の計算をしておくことが大切ですので、家計簿をつけておくのがおすすめです。すでにつけている人は、その金額を参考にし、まだつけていない人は、短期間でもいいのでつけておくとよいでしょう。嗜好品や楽しみのためのお金、交際費などは、特に細かく記録しておくと、自分の人生を豊かにするお金の使い方が見えてくることがあります。

老後は、今よりも自由になる時間ができて、娯楽に使うお金が増える可能性もあります。第2章3節で考えた「老後の人生計画」のやりたいことリストを見ながら、趣味や旅行などにどのくらいの金額が必要か確認しましょう。住宅ローンは払い終えて、住居費は大幅に減るかもしれません。このような「減る支出」も、考慮に入れておきましょう。

また、支出項目として忘れてはならないのが、健康保険料や介護保険料、住民税です。会社勤めの間は給料からの天引きですが、老後は別途支払いが必要です。現状の支出に加えて、そうした変化を考慮に入れながら、将来の支出を書き出してみて

Section 05　支出を把握する

ください。こうして必要額を算出してみると、老後の暮らしがイメージしやすくなるはずです。

　なお、65歳以上・夫婦のみ・無職世帯の支出の統計は約28万円（総務省統計局「2023年家計調査報告」）、また、ゆとりある老後に必要だと考えられる生活費の平均は38万円という調査（生命保険文化センター「2022年度 生活保障に関する調査」より計算）もありますので、参考にしてください。

▼ 老後の支出を見積もってみよう

一般的な老後の支出は　1ヶ月あたり 約28万円

ゆとりある老後には　1ヶ月あたり 約38万円

老後に必要なお金を書き出してみましょう。

Point
- 老後の支出を見積もるため、家計簿をつける
- 将来の必要額は、老後に想定される変化を考慮して計算する

お金の不安を取り除こう③
投資の目標額を決める

老後にどのくらいの資金を準備しておけばよいか、具体的な額を算出します。100歳まで生きる前提で計算してみましょう。

手持ちの資産と老後の収入を把握する

まずは、手持ちの資産（預金など・有価証券残高・個人年金以外の保険の解約払戻金など）を把握しましょう。（①）。

次に老後の収入として、第2章4節で確認した年金や退職金などの受取額を計算します。一生涯受け取れるタイプの年金は、100歳まで生きると仮定してトータルを算出してみてください（②）。

60歳以降に働く場合は、その収入も含めておきましょう（③）。

老後に必要な金額と不足額を算出する

必要額の算出は、まず第2章3節で確認したライフイベントとやりたいことに関する費用はひとまず全部含め（④）、現実的でない場合は、優先順位の低いものを外します。

そして、第2章5節で把握した月々の支出から、100歳までの生活費の総額を計算します（⑤）。

不足額は、（④＋⑤）-（①＋②＋③）で計算できます。図の例だと、目標額は約1,812万円ということになります。

Section 06　投資の目標額を決める

▼ 60歳以降の収支シミュレーション例

◆手持ち資産※1

①	現金・銀行預金、証券口座など	0円
	保険の解約払戻金（個人年金保険は除く）	0円

◆60歳以降の収入（夫婦の合計）

		年額	年数	合計金額
②	公的年金	289万円	35年	1億115万円
	企業年金	62.6万円	35年	2,191万円
	退職金	0円	—	—
	個人年金	0円	—	—
③	労働収入※2	380万円	10年	3,800万円

①＋②＋③　1億6,106万円

◆60歳以降の支出（夫婦の合計）

		金額
④	ライフイベント	630万円
	医療費※3	913万円
	介護費用※4	580万円
	やりたいこと	1,395万円

④　3,518万円

		年額	合計金額
⑤	生活費※5	360万円	1億4,400万円

⑤　1億4,400万円

（④＋⑤）－（①＋②＋③）	1,812万円

目標額はこれ!!

※1 手持ち資産は0と仮定
※2 労働収入は、現役時代の収入の半分と仮定。現役時代の収入は、国税庁2022年分
　　民間給与実態統計調査の男性平均給与（563万円）の1万円以下を四捨五入し算出
※3 医療費は2021年度 国民医療費の概況（厚生労働省）より算出
※4 介護費用は2021年度生命保険に関する全国実態調査（生命保険文化センター）より引用
※5 生活費は総務省統計局「2023年家計調査報告」を参考に、月額30万円と仮定

Point

●収支の試算を使えば、運用の目標額が算出できる

Section 07

目的別にお金を分類

投資をはじめる前にやっておきたい準備の1つが、「お金を色分けする」ことです。目的別にお金を分け、計画的に投資をしましょう。

余裕資金を把握するためにお金を色分けする

お金に色はついていませんが、何となく「毎月の生活費はこれくらい」「〇万円くらいはしばらく使わないだろう」という感覚はあるのではないでしょうか。

将来に向けて投資をするお金は、長期でしっかり運用できる範囲にすることが大切です。 もし、途中で使う予定ができて、投資しているお金を引き出すことになった場合、損失が出ていたら損を確定させることになってしまうからです。せっかく増やそうと投資をしているのに、損失を出しては元も子もありません。余裕資金で投資するために、お金の色分けが必要です。

4種類にお金を色分け

お金を色分けする項目は4種類です。それぞれ、どういった形で置いておくのが適しているか確認しましょう。

①生活資金＋予備費用

生活費の3ヶ月分程度が目安です。普通預金など、すぐに引き出せるところに預けておきましょう。

Section 07　目的別にお金を分類

②使う予定のある資金

　リフォームや車の買い替えなど、10年以内くらいで使用予定の資金です。いつ使うか明確な部分は、定期預金や個人向け国債など、元本の安全性が高く、多少の利息がつくものにしておきましょう。10年近く使う予定がない資金は、リスクが低めのもので運用するのも方法です。

③緊急資金

　急な出費に備えるための資金です。家電や家の設備が壊れて、買い替え・修理の必要が出た時や、医療費による大きな出費などに備えます。必要な時に使いやすい、定期預金などで準備しておくのがよいでしょう。

④余裕資金

　10年以内に使わない想定のお金です。積極的に投資し、増やしていく部分です。

　①〜④を、手元のお金と毎月の収入それぞれに対して考え、金額を割り出しておきましょう。

Point

● お金の色分けは、余裕資金で投資するために必要
● 目的に応じて、普通預金・定期預金など・リスクのある商品を使い分ける

Column　個人向け国債とは

　定期預金よりも利率が高い場合があり、かつ元本の安全性が高い金融商品として、個人向け国債があります。

　国債とは、国が発行する債券です（債券については第3章2節で解説）。個人向け国債は、日本国が発行する国債の一種で、個人の方でも購入しやすいように、工夫された金融商品です。

　個人向け国債は、証券会社や銀行、郵便局などで口座を開いて、1万円から気軽に購入ができます。種類は、満期ごとに10年・5年・3年と3種類に分かれており、10年ものだけ変動金利型です。毎月発行されていて、利率は毎回変わります（2024年8月発行分は、10年/0.72％、5年/0.61％、3年/0.38％（いずれも税引前））。利息は、半年ごとに1回、受け取ることができます。

　個人向け国債の大きな特徴は、元本割れのリスクがないことです。株式ほど大きい値動きではありませんが、一般的には、債券にも値動きがあります。そのため、個人向け国債以外の債券は、途中で売却すると元本割れの恐れがあります。一方、個人向け国債の場合、発行後1年を経過すれば、1万円から中途解約が可能で、その際に元本割れのリスクはありません。

　注意点は、1年未満での中途解約は基本的にできないこと、新NISAの対象ではないため、利息には20.315％の税金がかかることです。

　1年以上先に使い道が決まっている資金などは、個人向け国債で運用するのもよいかもしれません。

第 **3** 章

知って安心、
投資の超基本

Section 01

金融商品には何があるの？①

株式

いよいよ、投資の世界に入っていきましょう。まずは、投資の代表ともいえる株式について学びます。

株式とは何か？

　投資といえば、株式投資をイメージする人も多いかもしれません。そもそも、株式とは一体何でしょうか。

　会社が資金調達のために「会社オーナーの権利」を、有価証券として分割し、発行したものが株式です。株式を買うことは、「私のお金をあなたの会社の事業を良くするために使ってください。その代わり、オーナーの1人として儲けの一部は分けてもらい、会社の経営に意見もさせていただきます」と企業にお金を渡すことです。これを出資と呼び、出資した人を「株主」といいます。

　自分が株式を持っている企業が、世の中にとって価値のある事業を行って儲かれば、儲けの一部を「配当金」として受け取ることが期待できます。また、皆が「この企業は価値がある」と思って、その株式を欲しがれば、株式の価格が上がります。

　出資したお金は、基本的に企業からは返されませんが、譲渡制限などがなければ株式を他の人に売って権利を譲ることができます。金融商品取引所という場所で自由に売買ができる株式

Section 01 　株式

を、上場株式と呼びます。**新NISAで投資ができるのは、この上場株式です。**

　上場株式を発行する企業（上場企業）は、取引所の厳しい基準をクリアし、義務付けられた情報の開示を求められているため、常に経営の状況が公にさらされています。そのため、上場企業は、未公開の不祥事や事件・事故などが起きない限り、急に倒産して株価がゼロになる懸念は小さいといえます。

▼ 株式でお金が増える仕組み

2007年に金融商品取引法が施行されたことで、証券取引所と金融先物取引所が「金融商品取引所」に統合されました。一方で、「東京証券取引所」などの名称は残っています。
また、2008年までは株券という紙の現物がありましたが、現在の上場株式はすべて電子化されています。

Point
- 株式は、会社が資金を調達するために発行する
- 株式を持つ＝会社オーナーの権利を持つ
- 新NISAで売買できるのは、上場株式に限られる

Section 02

金融商品には何があるの？②

債券

債券も有価証券ですが、満期がある・利率が決まっているなど、性質は株式と大きく異なります。違いを押さえましょう。

債券は借用証書のようなもの

　債券は、国や企業などが資金を借り入れるために発行する有価証券です。資金を調達するために発行するという点では、株式と似ています。

　大きく違うのは、株式発行者は株主にお金を返す義務はないことに対して、債券発行者（発行体と呼ぶ）は、お金の貸主に対して利子を払い、満期が来たら元本を返す義務がある点です。**債券は、満期まで保有すれば、発行時に決められている利息と元本を受け取ることができるということです**[*1]。一般的に、**債券は株式よりも価格変動が小さい金融商品だといえます。**

債券の安全性は信用力で判断する

　債券の安全性を判断するときに重要なのが、どこが発行している債券なのかという点です。日本国が発行する債券は安全性が高いと考えられますが、名前も知らない企業の債券は、少し買うのが怖いかもしれません。

　発行体が、お金を返してくれる確実性を表すのが格付け[*2]です。一般的には、Aクラスであればほぼ確実にお金を返してく

[*1] 満期のない債券・利息のない債券（割引債）などもありますが、ここでの説明は割愛します。

60

Section 02　債券

れる（信用力が高い）、Cクラスは債務不履行になる可能性がある（信用力が低い）と捉えます。

信用力が低いと、たくさんの利子を払わないと誰もお金を貸してくれないため、債券の利率は高くなります。

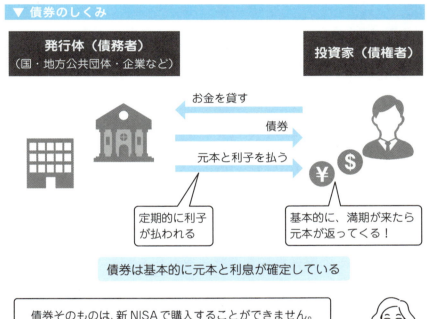

▼ 債券のしくみ

発行体（債務者）（国・地方公共団体・企業など）　　投資家（債権者）

お金を貸す
債券
元本と利子を払う

定期的に利子が払われる　　基本的に、満期が来たら元本が返ってくる！

債券は基本的に元本と利息が確定している

債券そのものは、新NISAで購入することができません。債券に投資する投資信託の中には、新NISAで購入できるものもあります。

Point

● 債券は、国や企業が資金を借り入れるために発行する
● 債券は、発行体が元本と利息を支払う
● 発行体の信用力が高い債券ほど、安全性は高い

＊2 格付けは格付け会社によって、表記方法や異なります。また、同じ企業でも格付け会社によって格付が異なる場合があります。

Section 03

金融商品には何があるの？③

コモディティ

コモディティである金などを活用することで、リスク分散の効果を高めることができます。

コモディティとは先物取引ができる「もの」のこと

コモディティとは「商品・日用品」という意味の英語です。投資の世界では、商品先物市場を通して取引できる、商品や商品先物取引のことを指します。具体的には、金やプラチナなどの貴金属、原油などのエネルギー、トウモロコシや大豆などの農産物などがあります。

先物取引とは、将来のあらかじめ決めた期日に、特定の商品を、現時点で決めた価格で売買することを約束する取引です。元々は、原料などの調達や販売の際に、仕入れあるいは売り渡し価格を固定して、価格が大きく変動するリスクを避けるために使われる取引です。

日本における先物取引の歴史は古く、江戸時代に大阪の堂島でコメの先物取引が行われていたことが知られています。

インフレにも有事にも備えられる金

金は、工業製品の素材や、装飾品としての実需があり、埋蔵量が限られているため、希少性があります。経年劣化による価値の低下もなく、世界で流通しているため、信用度が高いとい

Section 03　コモディティ

えます。

　こうした特徴を持つ金は、**政治的・経済的混乱期や災害時、インフレ時に値上がりする傾向にあります。株式や債券とは違う値動きをする傾向もあるため、リスク分散にも効果的です。**一方で、利息や配当金を生まないという点は、デメリットといえるでしょう。

　金の現物投資や先物取引は初心者に向きませんが、実質的に金に投資できる投資信託やETFであれば、初心者も取り入れやすくなっています。資産の一部に組み入れておくと、長期的に投資の成果を安定させるために役立ちます。

▼ コモディティ＝先物取引ができる「もの」

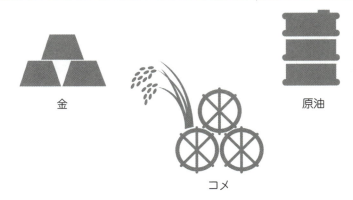

金　　コメ　　原油

Point
- コモディティとは、商品先物市場で取引できる「もの」のこと
- 金は、投資の成果を安定させるために役立つ

Section 04

金融商品には何があるの？④

投資信託

少額でさまざまな資産に投資できる投資信託は、初心者におすすめです。投資信託の基礎を押さえておきましょう。

みんなで資金を出し合い、専門家が運用した成果を受け取るのが投資信託

投資信託とは、「多くの投資家から集めたお金を1つにまとめて、投資の専門家がそのお金を株式や債券などに分散投資し、運用成果が各投資家の投資金額に応じて分配される」という仕組みの金融商品です。

投資信託にはさまざまな種類の商品があり、それぞれ異なる投資対象や運用方針が定められています。たとえば、「日経平均と同じ動きを目指して運用する投資信託」や「高配当の米国株式に投資をする投資信託」などがあります。

個別株式に自分で投資する場合、業界の動向や会社の業績、株価が割高か割安かなどを、自分で調べなくてはなりません。調べたことを総合的に判断し、投資するかどうかを決め、利益を出し続けるためには、経験も必要です。**投資信託は、それぞれの運用方針に基づき専門家が投資してくれるので、専門的な知識も調査の手間も、経験も必要ありません。**投資信託の商品選びや、投資したあとの運用状況を定期的に確認することは必要ですが、株式投資と比べれば、手間や時間がかからない金融

Section 04　投資信託

商品です。また、購入の最小金額は基本的に1万円程度(積み立ての場合はさらに少額から可能)と少額で分散投資ができるため、初心者にも適しています。

　投資対象としては、株式だけではなく、債券や金・不動産などに投資をする投資信託もあります。また、株式や債券など、複数の種類を組み合わせて投資するものもあります。

　投資信託のメリットなどの詳しい内容は、第5章の中で説明します。

▼ 投資信託の仕組み

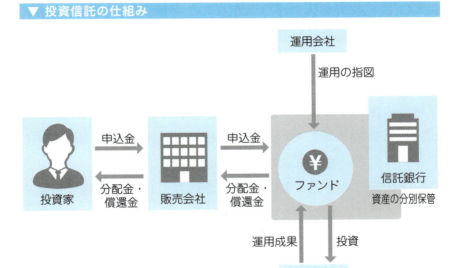

Point
- 投資信託は、専門家がお金を運用してくれる
- さまざまな投資対象・運用方針の投資信託がある
- 投資信託は、初心者向きのものも多い

金融商品には何があるの？⑤

ETF

株式のように証券取引所に上場している投資信託をETFと呼びます。一般の投資信託との違いを押さえておきましょう。

上場されている投資信託＝ETF

ETFは、投資信託でありながら、上場株式のように取引所に上場されている金融商品で、証券会社を通じて、取引所に注文を出して売買します。その他の基本的な仕組みは、投資信託と同じです。日本語では「**上場投資信託**」といいます。

指数に連動するように運用され、日経平均株価やS&P500などの株価指数の他にも、債券やREIT（不動産投資信託）、コモディティなど、さまざまな対象を選べます。

ETFのメリットは、リアルタイムに取引したい価格で売買できることです。指定した金額で発注（指値）も可能です。一般の投資信託は、取引発注の翌営業日（海外資産を含むものは翌々営業日）に、1日1回算出される基準価額が取引価格になるため、購入の手続き時に正確な取引価格がわからない、という欠点があります。その点、ETFは「今このタイミングで購入したい」「この価格になったら購入したい」という場合に役立ちます。

また、ETFは投資信託と比べ、一般的に購入時の手数料や保有期間中の手数料（信託報酬など）が低く設定されています。

Section 05　ETF

ETFの注意点

　注意したいのは、分配金を自動で再投資できる仕組みがないことです。 手動で再投資するしかないため、積立投資をしながら再投資していきたい場合は、少し面倒かもしれません。

　また、分配金を受け取る方法は「株式数比例配分方式」にしないと、分配金に課税されてしまいます。口座を開設したら、すぐに受け取り方法を確認して、変更しておくとよいでしょう。

▼ 株式とETFと投資信託の違い

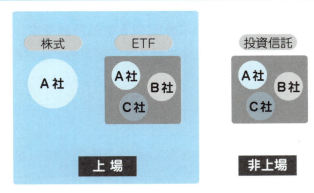

同じ指数を対象とする投資信託（インデックスファンド）とETFの中身は、多少の違いはありますが、ほぼ同じだと思って問題ありません。

Point
- 株式のように上場されている投資信託を、ETFと呼ぶ
- ETFは、指数に連動するように運用されている

Section 06 金融商品には何があるの？⑥

REIT

> REITは、不動産に投資する投資信託です。不動産に直接投資をするよりリスクを抑えることができます。

日本で上場されているREITはJ-REITと呼ばれる

　REITは、投資家から集めた資金をまとめて不動産へ投資し、賃料収入や売買益を投資家に分配する金融商品です。米国ではじまった仕組みですが、日本では2001年から、J-REITが登場しました。

REITのメリット

　実物の不動産投資には大きなお金が必要で、借入が必要な場合もあります。1つの物件にお金を集中させることによるリスクがあり、管理に関する費用や、時間的なコストもかかります。

　J-REITのメリットは、比較的少ない金額で、実質的に不動産に投資ができることです。銘柄によって異なりますが、数万円から数十万円で購入が可能です。複数の不動産に投資されており、リスクが分散されています。

　J-REITに投資をする投資信託もあり、こちらはもっと少額で手軽にはじめられます。また、米国など海外のREITに投資をする商品も選ぶことができます。

Section 06　REIT

REITのデメリットとリスク

　REITのデメリットは、やや手数料が高めである、という点です。リスクとしては、株式や投資信託と同様に値動きがあり、元本は保証されないこと、また不動産市況に左右されるという点があります。分散されているとはいえ、投資物件の一部が地震や火災などにあう可能性があるなど、独特のリスクもあります。

▼ J-REITの仕組み

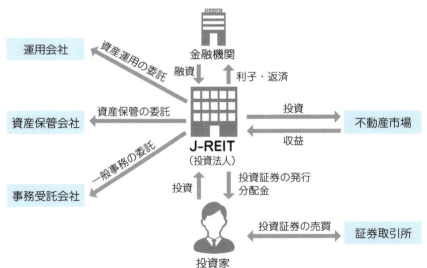

Point
- REITとは、不動産に投資をする投資信託のこと
- REITは、リスクを抑えて不動産に投資ができる

Section 07

リスク＝危険ではない！ リスクについて学ぼう

投資のリスクとは「価値が変動する大きさ」のことです。リスクを抑えれば、大きな損失を避けることができます。

投資のリスク＝「損することと、儲かること」

「リスク」と聞くと、一般的には「危険なこと」をイメージするでしょう。しかし、**投資について語る時のリスクとは、「損すること」と「儲かること」の両方の可能性を表す言葉です。** リスクが大きい金融商品は、大きな損失を出す可能性もありますが、大きく儲かる可能性もあるのです。

リスクにはいろいろな種類があります。それぞれのリスクの特徴を理解し、上手くコントロールしていくことが資産形成のコツなのです。

「投資をしないこともリスク」といわれる理由

「投資をしなければ損をしなくてすむのでは？」と思うかもしれませんが、預貯金のように、表面上の価格変動がない資産を保有していても、実質的な資産価値が減少して、損をしてしまうことがあるということも、理解しておきましょう。

その要因は、**物価が上昇しているときに、預貯金の実質的な価値が減少することです。** たとえば、以前は100円で買えたも

Section 07　リスク＝危険ではない！ リスクについて学ぼう

のが、120円出さなくては買えなくなったと仮定しましょう。この場合は、20％物価が上がった、すなわち現金の価値が20％下がった、ということです。これは、100万円投資したのに20％損失が出て80万円になってしまった、という状態と、本質的には同じことです。なお、物価が下落している場合は、上記と反対のことが起こります。

▼ 金融商品のリスクとリターンの関係

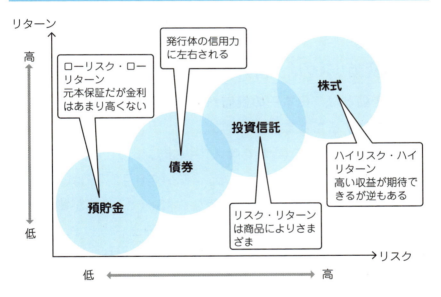

※一般的なイメージ図です。すべての金融商品に当てはまるものではありません。

Point
- 「リスク」とは、「損をする・儲かる」両方の可能性があることを指す
- 物価上昇の影響を踏まえると、預貯金にもリスクがある

Section 08

これだけは押さえよう！
為替変動リスクと
株価変動リスク

リスクにはさまざまな種類があります。代表的なリスクについて、理解しておきましょう。

為替変動リスクは、海外資産に投資するなら理解必須

為替変動とは、日本円の価値が他の通貨に対して上がったり下がったりすることです。

日本円と米ドルの関係で考えてみましょう。2011年10月31日、1ドルは75円ほどでした。2024年6月27日は、160円ほどとなっています。前者の時期なら75円で1ドルが買えたのに、後者のタイミングだと倍以上の160円出さなければ1ドルが手に入りません。つまり、ドルの価値が上がり、円は下がったということです。

右の図を見てください。**1ドル100円の時に10万円分ドルを買い、120円の時に円に戻したら、2万円儲かります。1ドル80円の時に円に戻したら、2万円損をします。**これが為替変動で損益が出る仕組みです。

為替変動リスクは、海外の資産に投資をする商品であれば関係があるので、きちんと理解しましょう。

Section 08 これだけは押さえよう！ 為替変動リスクと株価変動リスク

株価変動リスクの要因はさまざま

株価は、買いたい人が売りたい人よりも多ければ上昇します。企業の業績がよくなれば人気が集まり、その企業の株価は上昇します。景気がよくなれば、株価が上がる企業が増え、市場の株価全体が押し上げられます。

また、金利が下がれば、企業の借入金の金利負担が減り、借り入れの多い企業を中心に株価の上昇要因になります。

逆に、業績悪化や景気後退、金利上昇は、株価の下落要因です。また、株式は企業が倒産した場合、価値がほぼ0になってしまいます。

▼ 為替変動で利益や損失が出る仕組み

1ドル100円で10万円分購入した場合・・・

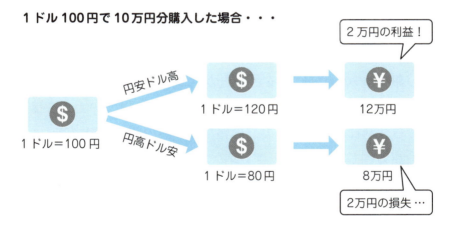

Point
- 海外資産への投資は、為替変動の影響を大きく受ける
- 株価は、買い手と売り手のバランスで決まる

Section 09

最重要！リスクを抑える3原則①

資産の分散

ポイントを押さえれば、リスクを減らして投資することができます。最も重要な3原則を学びましょう。

リスクを抑える3原則

　リスクを抑える3原則とは、①資産の分散、②時間の分散、③長期投資の3つです。これさえしっかりすれば、投資のリスクを最小限に抑えることができます。

リスクを抑える3原則①資産の分散

　「卵は1つのカゴに盛るな」という有名な格言があります。すべての卵を1つのカゴに盛ると、そのカゴを落としたらほとんど割れてしまいます。複数のカゴに分けていれば、1つのカゴを落としても、割れるのはそのカゴの卵だけで他の卵は無事です。

　投資も同じで、たとえば1つの企業の株式にすべての資産を投資したら、その企業が倒産した時に全財産を失ってしまいます。しかし、**さまざまな企業の株式に分散していれば、少なくとも資産が0になることはないでしょう。**

　資産の分散は、次のような観点で行います。

1. 投資対象の分散

　株式・債券・不動産・コモディティ（金や原油など）など、

Section 09　**資産の分散**

投資対象の資産を分散します。株式の中でもなるべく多くの銘柄に分散するなど、同じカテゴリの中でもさらに分散をすることが大切です。

2．通貨の分散

米ドル、ユーロ、ポンド、新興国通貨など、さまざまな通貨に分散します。

3．地域の分散

北米・欧州・アジアなど、投資対象とする地域を分散し、政治や社会情勢など、各地域に関するリスクを抑えます。

▼ 卵は1つのカゴに盛るな

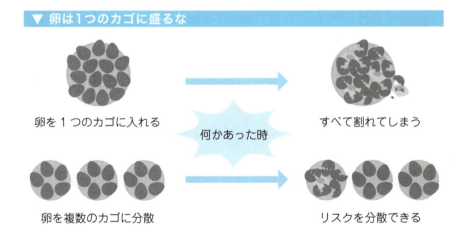

Point

● 資産の分散・時間の分散・長期投資を守れば、投資のリスクを最小限にできる

Section 10

最重要！リスクを抑える3原則②

時間の分散

投資のベストタイミングは、誰にもわかりません。買うタイミングを分けることで、大幅にリスクを抑えることができます。

リスクを抑える3原則②時間の分散

　時間の分散とは、一度にまとめて資金を投資するのではなく、複数回に分けて投資をすることです。

　景気のよい時はどの資産も好調ですが、金融危機などが起きて相場が一変すると、どの資産も一気に価格が下がることがあります。この影響は、資産を分散するだけでは免れません。また、将来の価格がどうなるのかは、誰にもわかりませんので、価格の下がった時に購入し、高くなったら売るような「タイミングを狙った購入」はうまくいくとは限りません。安値で買って高値で売ろうとすると、どうしても相場のことが気になってしまいますので、仕事などに集中できなくなったり、メンタルに影響を与えてしまうこともあります。

積立投資で手軽に時間分散

　初心者におすすめなのが、積立投資によって時間を分散する方法です。積立投資は、月に1度など頻度を決めて、機械的に投資を積み上げていく方法です。購入タイミングを気にする必要は一切ありませんし、価格が高い時も安い時も購入するので、

Section 10　時間の分散

平均的な購入単価を「ならす」ことができます。高値づかみをすることがなく、資産の値動きを抑える有効な方法です。価格が下がっている時は安く買えることになるので、相場の上下で一喜一憂する必要もありません。

　下の図は、2000年から24年間、S&P500という米国株式指数に連動する商品を、毎月10万円ずつ積み立てた場合のシミュレーションです。リーマンショックなどによる大幅な下落もありましたが、5倍近く資産を増やすことができ、資産額は1億4,000万円を超える計算になります。

▼ 月10万円ずつ24年間インデックスファンドに投資した場合

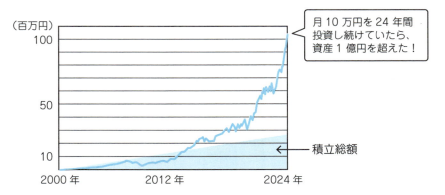

※期間：2000年7月1日〜2024年7月1日、毎月月初に購入と仮定
※銘柄：iシェアーズ・コア S&P 500 ETF に投資と仮定
※為替は円ベースに換算
※単位：百万円

Point
- 時間の分散をすれば、リスクを大幅に抑えられる
- 積立投資は手間をかけずに時間の分散が手軽にできる

Section 11

最重要！リスクを抑える3原則③

長期投資

世界経済の成長にあわせて資産を育てていくためには、長期で投資を行うことが大切です。

リスクを抑える3原則③長期投資

世界経済は上下を繰り返しながらも、基本的には成長しています。その成長の恩恵を受けるためには、長期で資産を育てることが大切です。

どんなに資産分散・時間分散を行っていても、投資は利益が出るタイミングだけではありません。金融危機など市場を大きく揺るがすような出来事が起こった場合、数日間で大きく損失が膨らむこともあります。

具体的にみてみましょう。未曾有の金融危機といわれたリーマンショック付近の日経平均株価は、暴落前の2007年7月は18,000円台でしたが、2009年2月は7,400円台をつけました。しかし、2015年には暴落前の水準に回復し、2024年7月は39,000円台となっています。

暴落後に慌てて売ってしまっていたら大損をしていたかもしれませんが、根気強く持ち続ければ、利益に変わったということです。長期で投資すれば、大きな損失を被る可能性を、低くすることができるのです。

また、長い期間投資を行うことで、投資で得られた利息や配

Section 11　長期投資

当金などの収入が積み上がります。その利息や配当金を再投資すると、より効率的にお金を増やすことができます。

　投資が博打になってしまうのは、一度に大きなお金を、1つの対象に投資してしまうからです。リスクを抑える3原則にのっとった長期積立投資ならば、過剰なリスクを取ることなく、長期的に資産を形成できるのです。

　一方で、50代・60代から退職後に向けて投資をする場合は、10年経たないうちに取り崩す必要が出てくる場面もあるでしょう。その際の出口戦略については、第7章で詳しく説明します。

▼ 根気よく持ち続ければ損失を出さなくて済むことも多い！

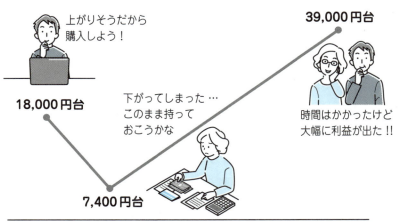

※図のグラフ線はイメージです。実際の値動きを表すものではありません。

Point
● 長期投資の目線を持てば、暴落時も慌てない

Section 12

リスクを抑える具体策①

長期積立は
ドルコスト平均法で

値動きのある金融商品は、同じ金額で定期的に積み立てると、
リスクを抑える効果がより高くなります。

高い時は少なく、安い時には多く買う

積立投資をするときに、「価格が高い時には少なめに、安い時には多めに購入すれば、リスクを抑えられるのではないか」と思う人もいるのではないでしょうか。

もちろん、「最近は価格が高めだな」と思うときに購入する金額を下げ、「最近はちょっと安いな」と感じてきたら購入金額を上げるというやり方もよいでしょう。

しかし、**同じ金額を定期的に積み立てるだけでも、高い時には少なく、安い時には多く買うことが自然にできるのです。これをドルコスト平均法（定額購入法）といいます。**

右の図は、同じ投資信託を一定の口数で購入した場合（ケース1）と、ドルコスト平均法で購入した場合（ケース2）のモデルです。ドルコスト平均法で購入した場合のほうが、平均すると安く買うことができているのがわかります。

この効果は、長期的に積み立てるほど、また投資する金融商品の価格の変動が大きいほど大きくなります。相場が暴落した時は、よりたくさんの口数を購入することができるので、その

Section 12　長期積立はドルコスト平均法で

後値上がりした場合の効果が大きくなるのです。

　ただし、投資した金融商品の価格が値下がりし続けた場合は、いくら平均購入単価を下げられていても、損失が発生することがあります。ドルコスト平均法を活用した積み立てをするとともに、資産分散と値上がりを待てる長期投資の姿勢が大切です。

▼ドルコスト平均法の効果

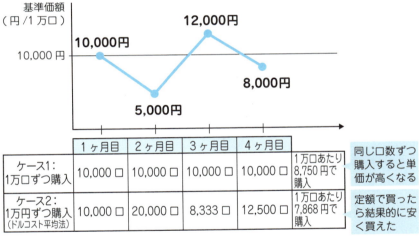

※実際の商品の値動きを示すものではありません。
※手数料などの費用は考慮していません。
※基準価額や口数については第4章7節を参照

Point

- ドルコスト平均法は、同じ商品を一定の金額で購入し続ける積立投資の方法
- ドルコスト平均法なら、価格が安い時は多くの口数を、価格が高い時は少ない口数を購入できる

Section 13

リスクを抑える具体策②

再投資の効果で大きく増やす

長期積立投資では、再投資を行うことで効率的にお金を増やすことができます。

利益が利益を生む「複利効果」

長期投資で得られるメリットの1つが、複利効果です。

複利効果とは、投資で得られた利益を再び投資することで、利益が利益を生んで、お金が雪だるま式に増える効果をいいます。

たとえば、100万円を年利回り5％で、得られた利益を翌年は元本に含めながら複利運用する場合を考えると、次のように資産が増えていきます。

1年目：100万円×5％＝5万円
2年目：105万円×5％＝5.25万円
3年目：110.25万円×5％＝5.5125万円
4年目：115.7625万円×5％＝5.7881万円

これを20年間繰り返すと、元本と運用益の合計は約265万円になります。もし複利運用をせずに、同じ年利回りで100万円を20年間運用した場合、元本と運用益の合計は200万円で

Section 13　再投資の効果で大きく増やす

すので、65万円以上も差がつくことになるのです。

分配金や配当金は迷わず「再投資」

　投資信託などの金融商品は、それ自体に値動きがあるため、左記のような複利効果とは厳密には違うのですが、**投資信託の分配金や株式の配当金などは、再び投資にまわすことで、複利運用的な資産の増やし方ができます。**なお、投資信託は分配金の再投資を自動でできますが、株式やETFは手動で再投資する必要があることに注意してください。

▼ 単利と複利の比較

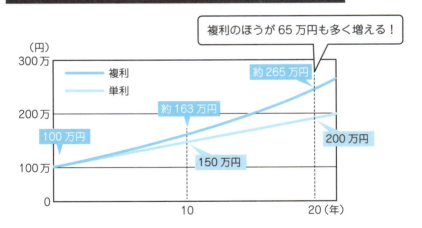

Point
- 複利効果で利益が利益を生む
- 長期投資をすると、複利効果による差は大きくなる

Section 14

リスクを抑える具体策③

ポートフォリオを
つくって分散投資

計画的に投資を行うためには、ポートフォリオづくりが大切です。資産形成の目的や、リスクに対する考え方に合わせてつくりましょう。

ポートフォリオは性質の異なる資産を組み合わせてつくる

ポートフォリオとは、保有する資産の組み合わせや比率のことで、資産全体のリスクの大きさを把握し、適切にコントロールするためのものです。たとえば、国内株式だけに投資している場合、資産の一部を取り崩す必要がある時に、国内株式が暴落していたら、損失を覚悟で売却しなくてはなりません。一方ですべてを銀行預金にしておくと、大幅なインフレの場合に資産価値が目減りする懸念があります。**特定のリスクに偏った資産配分にせず、性質が異なるいろいろな資産を含むポートフォリオをつくって、計画的に投資をすることが大事なのです。**

最適な割合は人によって異なる

理想となるポートフォリオは、人それぞれ異なります。たとえば、近いうちに完全退職する予定の方であれば、直近数年分の生活資金や、使う予定がある部分などはリスクが小さい預金

Section 14　ポートフォリオをつくって分散投資

などにしておき、それ以外の余裕資金にある程度リスクの高い資産を組み入れるという配分がよいでしょう。第2章7節で学んだお金の色分けを踏まえ、余裕資金の範囲内で自分に適切な割合を考えてみてください。具体的なポートフォリオ例は、第5章18節～20節で紹介します。

▼ポートフォリオの重要性

ポートフォリオをしっかりつくることで、大きな損失を回避できる！

右のグラフは公的年金を運用しているGPIF（年金積立金管理運用独立行政法人）の基本ポートフォリオです。大きな損失を被らないよう、分散がなされています。参考にしながら、自分に合うポートフォリオを考えましょう！

「2023年度第3四半期運用状況（速報）」（年金積立金管理運用独立行政法人）より作成

Point
- ポートフォリオとは、資産の組み合わせや比率のこと
- 性質が異なる資産でポートフォリオをつくることが大切
- 自分に合ったポートフォリオを考えることも重要

Section 15

リスクを抑える具体策④

リバランスの効果

リバランスとは、ポートフォリオを見直し、当初決めた割合に戻すことです。定期的に行うことで、リスクを抑える効果があります。

リバランスはポートフォリオのメンテナンス

ポートフォリオは、一度決めたら終わりではありません。たとえば、海外株式と海外債券に50万円ずつ投資をはじめても、値動きの影響でバランスが崩れてきます。**崩れたポートフォリオを元の割合に戻すことを、リバランスといいます。**

リバランスの方法① 割合の上がった資産を売却

先ほどの例で、海外株式が75万円に値上がり、海外債券は50万円のままだとしましょう。値上がりした海外株式を25万円売却して元の割合に戻せば、その後海外株式が元の価格まで値下がりしても利益を残せます。

リバランスの方法② 割合の下がった資産を買い増し

海外株式は25万円に値下がり、海外債券は50万円のままの場合を考えます。値下がりした海外株式を25万円買い増して元の割合に戻せば、価格が元に戻った場合に、より大きな利益を得られます。

Section 15　リバランスの効果

リバランスの方法③　①と②の組み合わせ

　差額の半額ずつ値上がりした方を売り、値下がりした方を買い増す方法です。投資金額を変えたくない場合に活用するとよいでしょう。

リバランスの方法④　同じ割合になるように積み立てる

　たとえば、海外株式と海外債券に5万円ずつ積み立てたとしても、値動きによって次第に50％ずつではなくなってきます。割合が上がったほうを少なく、下がったほうを多めに積立額を調整すると、全体の購入単価を下げられる可能性があります。

リバランスの頻度

　一般的には、四半期、半年、1年のいずれかでリバランスをするとよいといわれています。ただし、頻度の高さよりも、定期的にリバランスをすることが大切です。無理のない頻度でポートフォリオを見直すタイミングを決めましょう。また「まだ上がるのではないか」といった相場の読みをせずに、機械的に行うことも重要です。

> **Point**
> ●リバランスで、崩れたポートフォリオを元の割合に戻す
> ●リバランスは、資産の価格が安い時に買い増し、高い時に売却する効果があるため、リスクを抑えられる

3

知って安心、投資の超基本

87

▼ リバランスの例

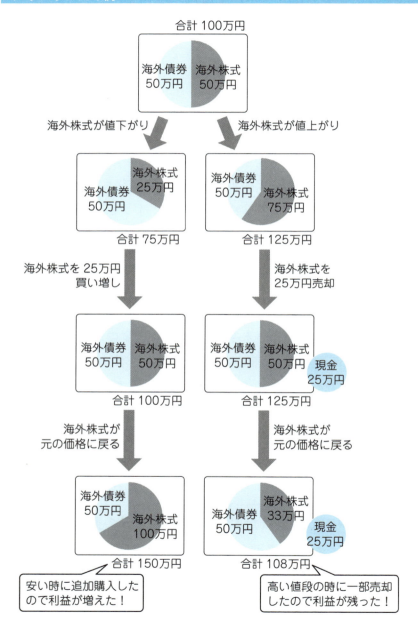

Section 16

リスクの大きさは
ここでチェック

金融商品のリスクの大きさは数値で確認できます。証券会社の
商品ページなどでチェックしてみましょう。

3

知って安心、投資の超基本

リスクの大きさは標準偏差をチェック

**標準偏差は、過去の価格のデータがどれくらいバラついてい
るかを示すものです。平たくいうと、「例外を除き、損失と利
益は大体この範囲におさまる」ということを表します。**

次ページの図から、株式に投資する銘柄は、債券に投資する
銘柄よりも標準偏差が大きいことがわかります。さまざまな投
資信託の値動きと標準偏差を見比べ、感覚をつかむとよいで
しょう。

運用効率はシャープレシオで判断

**「取ったリスクに対して、リターンが見合っているか」を判断
するときはシャープレシオをみましょう。シャープレシオは大
きいほど、リスクが小さくリターンが大きいとされており、効
率的な運用ができていると評価できます。**

なお、シャープレシオは、リスクが同じ金融商品の間でどち
らが優れているかをはかる指標だということに注意しましょ
う。

▼ リスク（値動きの幅）は標準偏差をみれば数字でわかる

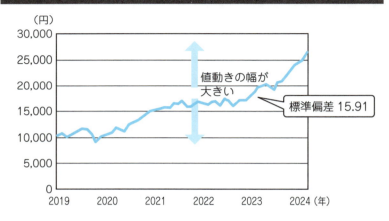

eMAXIS Slim 全世界株式（オール・カントリー）の5年間の値動き

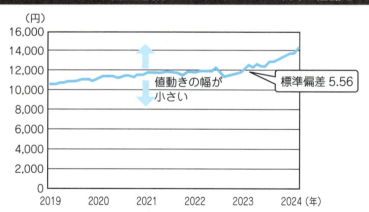

eMAXIS Slim 先進国債券インデックスの5年間の値動き

Point
- リスクの大きさは標準偏差で確認する
- 標準偏差は大きいほどリスクが大きい
- シャープレシオは大きいほど、運用の効率がよい

Section 17

自分に合ったリスクで投資しよう

ライフステージや保有資産の状況などを考え、自分の取れるリスクを把握して、投資をすることが大切です。

リスク許容度とは何か？

リスク許容度とは「どれくらいの損失であれば受け入れられるか」ということです。自分自身の感覚によるものなので、パーセンテージなどで客観的に表すことはできません。**気持ちや考え方の要素も含めて、リスクの取り方を検討する必要があります。**

リスク許容度を決める要素

自分のリスク許容度を考える時に必要な要素には、主に次の3点があります。

①年齢（時間）

長く運用できるほうが、損失が出ても回復を待てる可能性が高いので、リスク許容度は高くなります。「5年後に退職する予定で、この資金はそのころ使う予定だ」という場合は、大きく目減りしたら大変ですので、リスクを取りすぎてはいけません。一方で、当面使う予定のないお金はリスクを積極的に取って投資してもよいでしょう。

②収入や保有資産の水準

収入や保有資産が多い人は、リスク許容度が高めになり、逆に収入や保有資産が少ない人、あるいはこれから減少していく人は、リスク許容度は低くなります。

③性格や投資経験

投資で損をした時の受け止め方は、人それぞれです。投資経験がない場合は、実際に損をしてみないと自分がどのように感じるかわからないかもしれません。投資初心者や心配性な人は、リスクが低めの投資からはじめたほうがよさそうです。

▼ 自分のリスク許容度を考えてみよう

あと何年運用できるか
長く運用できれば高めのリスクをとることも検討できる

収入・資産の金額
収入や資産が十分なら、リスクをとって運用してもOK

性格・投資経験
心配性の方・初心者はリスク低めからはじめた方がいい可能性も

Point
- リスク許容度とは、損失を受け入れられる度合い
- リスク許容度を検討する際は、年齢や収入・資産だけではなく、考え方や性格も踏まえる必要がある

Section 18

投資にかかる費用

投資信託や株式に投資する際は、費用がかかります。どんな費用がかかるのか理解しておきましょう。

投資信託の費用

購入時手数料

　購入する際に、販売会社に支払います。**同じ投資信託でも販売会社によって異なり、一般的にネット証券が低い傾向にあります**。また、投資信託の種類や販売会社によっては、無料の場合もあります。

信託報酬

　投資信託を運用・管理するための費用です。別途支払うのではなく、信託財産（投資信託の資産全体）の中から毎日差し引かれ、基準価額に反映されます。支払われた先では、販売会社・運用会社・信託銀行で分配されます。同一の投資信託であれば、信託報酬は同じです。年0.5 〜 2.0％程度が主流で、**インデックスファンドのほうがアクティブファンドより低い傾向があります**（インデックスファンドとアクティブファンドについては第5章4節〜 5節参照）。

信託財産留保額

　投資信託を解約する際にかかる費用です。途中で換金する投

資家と、保有を続ける投資家との公平性を保つために設けられており、徴収された費用はファンドの信託財産に残されます。一般的に0.3％程度ですが、徴収しない投資信託も多くあります。

その他の費用・手数料

　監査法人に支払われる監査費用などの諸経費は、信託財産から差し引かれ、基準価額に反映されます。

株式の売買にかかる手数料

取引手数料

　株式の取引で、約定（売買の成立）するごとにかかります。1回の約定代金ごとに○％というケースや、1日の約定代金合計に応じて一律○円という定額制など、証券会社によって異なります。ネット証券では、条件によって無料の場合もあります。

外国為替手数料

　円で外貨建て証券を買う場合や、売却して円で受け取る場合に、外国為替手数料が発生します。通常は適用レートに含まれています。

Point

● 投資には各種費用がかかる
● 同じ商品の取引でも、費用の種類によっては販売会社
　ごとに差がある

第4章

新NISAの入口

Section 01

投資をはじめるまでの流れ

いよいよ、新NISAを活用した投資に挑戦しましょう。口座開設から投資開始までの、ざっくりとした流れを解説します。

口座を開設する

　新NISAの口座は1人1つしか開設できず、つみたて投資枠と成長投資枠で別々の金融機関を利用することもできません。金融機関選びは慎重にしましょう。

　選び方のポイントは、第4章2節で説明します。

商品と金額を決める

　初心者は、つみたて投資枠の対象商品からはじめるのがおすすめです。金額はいつでも変更が可能です。まずは無理のない金額にして、徐々に増やしていくのもよいでしょう。

購入（積立設定）をする

　積み立ては、商品と金額、積立頻度（毎月・毎週・毎日など。金融機関によって選択肢は異なる）、積立日などを設定しておけば、自動で積み立てが行われます。はじめは不安があるかもしれませんが、100円から積立設定が可能な証券会社もありますので、まずはやってみることが大切です。

Section 01　投資をはじめるまでの流れ

　投資初心者の方へのおすすめは、毎日積立のできる証券会社で、100円程度を毎日積み立ててみることです。1ヶ月くらい続けてみると、マイナスになったりプラスになったりという値動きの感覚も、少しわかってくるでしょう。毎日、ジュース1本程度の金額であれば、気持ち的にも楽なはずです。感覚がつかめたら、家計の収支や将来備えておきたい金額などを考えた積立金額を割り出して、本格的に投資をはじめるとよいでしょう。

▼ 新NISAの始め方

① 証券会社や銀行で新NISA口座を開設する

↓

② 投資する商品と金額を決める

↓

③ 積立設定をする

はじめ方はかんたん！
①〜③の詳しいやり方はあとのページで詳しく解説します。

Point
● 新NISAのはじめ方はかんたん
● 初心者は少額ではじめて、値動きに慣れるのがおすすめ

Section 02

これで解決！
金融機関の選び方

新NISA口座は1人1つです。どこの金融機関で開くかはとても
重要ですので、選ぶポイントを押さえましょう。

商品ラインナップはネット証券が圧勝

新NISAで購入できる商品は、金融機関により異なります。

**ネット証券は、取り扱う商品ラインナップが圧倒的に多く
なっています。**

一方で、**銀行では株式、ETF、REITの取引はできません。
投資信託のラインナップも少なめです。**株式・ETF・REITへ
の投資をするつもりがなく、かついつも行く銀行で投資の相談
がしたいという人は、検討してもよいでしょう。

ネットでの取引にどうしても抵抗がある場合は、店舗型の証
券会社で開設するという選択肢もあります。

ネット証券なら費用も節約できる

ネット証券は、手数料の面でも有利です。対面型取引の金融
機関では投資信託の購入時に数％の購入時手数料がかかるのが
基本ですが、ネット証券では無料の場合もあります。

株式の取引時手数料も、一般的にネット証券が有利で、無料
～数千円のところが多くなっています。

Section 02　これで解決！ 金融機関の選び方

　手数料の蓄積が運用成果にも影響を与えますので、費用を節約して効率よく投資ができる金融機関を選ぶのがおすすめです。

▼ 各金融機関のメリット・デメリット

	ネット証券	店舗型証券会社	銀行など
メリット	●商品ラインナップが豊富 ●手数料が安い（無料の場合も多い）	●対面で相談できる	●取引のついでに相談できる
デメリット	●対面取引ができない	●手数料が高め	●株式・ETF・REITの取り扱いがない

1年に1回金融機関の変更ができますが、手続きの煩雑さや、運用のロスにつながることを考えると、はじめからベストな金融機関選びをするのがおすすめです。

　なお、海外転勤・赴任の予定がある方は、注意が必要です。制度上、最長5年の海外転勤・赴任であれば、条件付きで新NISAの資産をそのまま継続保有できますが、継続保有できない金融機関もあります。必ず、新NISAでの保有継続可否と、金融機関の対応を確認してから、新NISAをはじめましょう。

Point
●商品ラインナップ・手数料は、ネット証券が有利
●ニーズによっては店舗型の証券会社や銀行を使う

Section 03

かんたん！口座開設の方法

多くの金融機関では、ネットでかんたんに口座開設が可能になっています。

新NISA口座開設の流れ

新NISA口座を開設する場合は、次のような流れになります。

①金融機関に証券口座開設をする

証券口座開設を、Webや郵送、対面で行います。ネット証券の場合は、手続き開始から最短2日程度で取引がはじめられるところもあり、早く投資をはじめたい人には便利です。**本人確認書類**と**マイナンバーカード**などのコピー（ネット完結の場合は画像の送信などの場合もある）が必要ですので、準備しておきましょう。

②新NISA口座を申請

証券口座開設をする際に、「新NISAを申し込む」というボタンを押すだけで、申請が完了する場合もあります。

③新NISA口座仮開設・投資スタート

仮開設の段階でも、非課税で投資をはじめることができます。

Section 03　かんたん！ 口座開設の方法

④税務署の審査

　税務署において、二重口座でないことがチェックされます。

⑤新NISA口座本開設完了

　税務署の審査で問題がなければ、NISA口座の本口座開設が完了し、通知が届きます。

▼ 口座開設はかんたん！

口座開設の流れ

① 証券口座を開設する
↓
② 新NISA口座を申請する
↓
③ 新NISA口座が仮開設される
↓
④ 税務署による審査が行われる
↓
⑤ 新NISA口座が本開設される

必要書類

本人確認書類
・マイナンバーカード
・運転免許証
・パスポート
・健康保険証　など

＋

マイナンバー確認書類
・マイナンバーカード
　ない場合は下記のいずれか。ただし、どのような書類が認められるかは金融機関によって異なる。

・マイナンバーが記載された住民票
・住民票記載事項証明書
・通知カード　など

ここで紹介したのは、旧NISA口座を持っていない人のフローです。
旧NISA口座を持っていて、同じ金融機関で新NISAをはじめたい人は、自動で新NISA口座が開設されるので手続きは不要です。
旧NISA口座とは別の金融機関で新NISAをはじめる場合は金融機関変更の手続きが必要になりますので、第4章8節を参照してください。

Point

● 本人確認書類とマイナンバー確認書類が必要
● Webで口座開設が完結する場合もある

Section 04

違いをマスター！
特定口座と一般口座

新NISA口座を設定するには、課税口座を開設する必要があります。課税口座の種類や特徴を把握しておきましょう。

特定口座とは？

　課税口座には、特定口座と一般口座の2種類があり、広く使われるのが特定口座です。

　特定口座とは、金融商品で得られた収益に対する所得税と住民税の納税を、簡易な納税申告手続きで完了することができる口座のことです。

　特定口座には「源泉徴収あり」と「源泉徴収なし」の2種類があります。**源泉徴収ありを選択した場合は、金融機関が所得税・住民税を源泉徴収し、代行して納付してくれるため、原則として、確定申告が不要となります。**初心者は、こちらを選ぶとよいでしょう。

　源泉徴収ありを選んでも、確定申告は可能です。損失を翌年以降3年間繰り越す場合や、他の証券会社の損益などと損益通算する場合には、確定申告をしましょう。

　源泉徴収なしを選択した場合は、金融機関が作成した「年間取引報告書」を利用することで、確定申告の時に簡易的に納税ができます。こちらを使う場合は、毎年確定申告が必要になります。

Section 04 違いをマスター！ 特定口座と一般口座

一般口座とは？

　一般口座を使う場合は、自分で年間の損益を計算して、確定申告をする必要があります。特定口座のように、年間取引報告書が発行されないため、手間がかかります。

　一般口座の主な使い道は、特定口座では管理できない未公開株式の取引です。未公開株式の取引を検討していない場合は、一般口座にするメリットはないといっていいでしょう。

▼ 特定口座と一般口座の違い

	特定口座 源泉徴収あり	特定口座 源泉徴収なし	一般口座
年間取引報告書	発行される	発行される	発行されない
確定申告	不要	必要（年間取引報告書を使って簡易的にできる）	必要（確定申告のために自分で損益の計算が必要）

↑
通常はこちらを
選べばOK

↑
未公開株の取引が
できる

Point

● 初心者は、特定口座の「源泉徴収あり」を選ぶ

●「源泉徴収あり」でも、確定申告は可能

● 一般口座は、未公開株式の取引を行う際に使う

Section 05

ポイント活用もできる！決済の方法

現金以外にも、クレジットカードやポイントなど、決済方法はさまざまです。利便性やお得かどうかなどによって、自分に合う方法を検討しましょう。

証券会社は預かり金での決済が主流

証券会社の場合、事前に銀行から証券口座に入金が必要です。入金した資金は、「預かり金」として扱われ、基本的に利息は付きません。店舗型の証券会社の場合、MRFという投資信託で運用し、多少の分配金が出る場合もあります。

預金で決済できるのは銀行のみ

銀行の場合、預金から直接、金融商品を購入できます。資金を動かす必要がなく、利便性が高いといえます。

証券会社の中でも、ネット証券の場合、多くは提携銀行の口座から直接出金できる仕組みがあります。

クレジットカードでお得に決済

証券会社によっては、クレジットカードで決済を行うことで、クレジットカードのポイントをためられる場合があります。

購入金額に対してポイントが1％以上付くクレジットカード

Section 05　ポイント活用もできる！ 決済の方法

もありますので、利用を検討するとよいでしょう。ただし、ポイントの対象になるカードの種類や、年会費、ポイント付与の上限などをよく確認しましょう。

ポイント投資ならチャレンジしやすい

　証券会社によっては、ポイントを使った投資ができるところもあります。ポイント投資は心理的なハードルも低いので、ポイントで少しリスクの高い商品に挑戦するのもよいでしょう。

▼ 決済方法の種類

決裁方法	金融機関	メリット
MRF	証券会社	ー
預り金	証券会社	ー
預金	銀行、証券会社（提携銀行から出金できる場合）	口座残高を直接使える
クレジットカード	証券会社	ポイントが貯まることがある
ポイント	証券会社（主にネット証券）	手軽に投資できる

クレカ積立は、毎月積立しか対応していないところが多いので注意しましょう。
もらえるポイントに上限があったり、クレジットカードの年会費がかかる場合もあるので、メリットがあるかしっかりチェックしましょう。

Point
- 決済の方法は金融機関によって異なる
- クレジットカード決済でポイントをためられる

Section 06
投資信託を積み立ててみよう！

初心者におすすめなのは、積立投資です。具体的な積立設定の手順を確認しましょう。

投資信託の積立設定手順

※特定の銘柄の購入を推奨するものではありません
※例示している楽天証券の入力画面は2024年8月16日時点のものです

①積み立てる投資信託を検索する

Section 06 投資信託を積み立ててみよう！

②積み立てる投資信託を選ぶ

③つみたて投資枠または成長投資枠を選ぶ

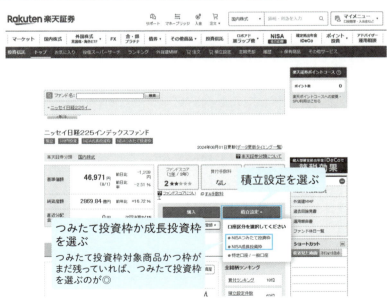

④引落方法と積立指定日を選ぶ

⑤積立金額とポイント利用設定をする（※ポイント利用設定は利用したい場合のみ）

Section 06　投資信託を積み立ててみよう！

⑥分配金受取方法・口座の種類選択・ボーナス設定をする

分配金の受取方法を選ぶ
再投資型がおすすめ！

口座の種類を選ぶ
③で選んだ区分を選ぼう

ボーナス設定をする
活用方法は第5章17節参照

目論見書の確認へ遷移

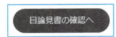

⑦目論見書などを確認する

⑧取引暗証番号を入力して積立設定を完了する

Section 07

意外とややこしい投資信託の残高などの見方

長期積立投資では、定期的に運用状況を把握することが大切です。投資信託の残高などの見方を理解しておきましょう。

基準価額と口数

　投資信託の価格は、毎営業日、1日1回算出され、基準価額として発表されています。基準価額は、投資信託が保有する株式や債券などの時価評価の総額に、利息や配当金などの収入を加え、そこから運用のコストを差し引いた金額に基づいて計算されます。

　また、投資信託の取引単位は口数となっており、一般的には1万口を1単位として基準価額が公表されています。投資信託が設定（設定＝投資信託がつくられること）された時は、基本的に1万口1万円でスタートします。そのため、同じ資産に投資する投資信託でも、設定されたタイミングによって基準価額は異なります。

簿価単価＝取得単価

　投資信託を買い付けた単価（税込手数料込）は「取得単価」と表示する金融機関が多くなっています。金融機関によっては「簿価単価」と表記されることもあります。

4

新NISAの入口

111

たとえば、ある投資信託を基準価額9,000円で1万口購入した場合、取得単価は9,000円です。積立投資などで同じ銘柄を複数回買い付けした場合の取得単価は「1万口あたり平均的にいくらで買い付けたか」という金額で表されます。同じ商品を買い増すたびに取得単価は変わるのです（右図を参照）。

　なお、同じ投資信託の購入に要した総額（税込手数料込）を、「取得金額」と表示している金融機関もあります。

時価＝評価額

　保有する投資信託に現在いくらの価値があるのか（時価）を示すのが「評価額」です。評価額は、基準価額に保有口数をかけることで計算できます。なお、ETFは基準価額とは別に取引所価格がリアルタイムに公表されており、取引所価格×保有口数が評価額です。

含み損益＝評価損益

　保有する投資信託がどのくらい儲かっているか、あるいは損失が出ているかを表すのが「評価損益」です。基準価額と取得単価を比較して、基準価額＞取得単価なら評価益、基準価額＜取得単価なら評価損と判断できます。評価損益は、含み損益ですので、確定しているものではありません。

112

Section 07　意外とややこしい投資信託の残高などの見方

売却した投資信託の損益＝実現損益

「実現損益」は、投資信託を売却したことにより確定した損益を指します。投資信託の場合、売却した時点では、正確な基準価額はわかりません。最終的な損益を後日確認するようにしましょう。なおETFは売却時に売却価格が確定しているので、即、実現損益を知ることができます。

▼同じ投資信託を追加購入するたびに取得単価は変わる

買付日	5/1	6/1	7/1	8/1
購入価格	10,000 円	9,000 円	14,000 円	12,000 円
購入口数	10,000 口	10,000 口	10,000 口	10,000 口
保有口数	10,000 口	20,000 口	30,000 口	40,000 口
取得金額	10,000 円	19,000 円	33,000 円	45,000 円
取得単価	10,000 円	9,500 円	11,000 円	12,500 円

※各種費用は考慮していない
※実際の投資信託の価格変動を示すものではない

Point

● 用語をそれぞれ理解して、残高を正しく把握する
● 取得単価は、同じ商品を買い増しするごとに変化する

※説明をわかりやすくするため、すべての例において購入時手数料は無料と仮定しています。

4

新NISAの入口

Section 08

金融機関変更も可能！ルールを押さえよう

新NISA口座は1人1つしか持てませんが、途中で金融機関を変更することが可能です。ルールを確認しましょう。

金融機関変更のルール

金融機関変更の基本的なルールは次の4点です。

①金融機関変更は年に1度
②金融機関変更は、変更する年の前年10月1日から、変更する年の9月30日までに手続き完了する必要がある
③変更する年の1月1日以降、変更前の口座で商品を購入したことがある場合、金融機関の変更は翌年からになる
④すでに変更前の新NISA口座で持っている商品は、変更後の新NISA口座に移管することはできない

上記を踏まえた、金融機関変更の際の注意点は下記です。

・新NISAで商品を購入した年に金融機関変更はできない（変更は翌年。売却済でも同じ）
・保有している商品を非課税のまま移管することはできない
・変更手続きは2週間から1ヶ月かかるため、余裕を持った手続きが必要

Section 08　金融機関変更も可能！ ルールを押さえよう

▼ 金融機関変更手続きの流れ

① 変更前の金融機関に連絡
必要な書類を確認して取り寄せる

② 金融商品取引業者等変更届出書を記入・返送
（不要な場合もある）

③ 勘定廃止通知書か非課税口座廃止通知書の交付を受ける
① をすることで変更前の金融機関から届く

④ 変更先の金融機関で新NISA口座開設書類を請求

⑤ 変更先の金融機関に必要書類を提出
非課税口座開設届出書・③の書類・本人確認書類・マイナンバー確認書類など

⑥ 審査で問題なければ手続き完了
金融機関・税務署の審査後、問題なければ郵送・メール・サイトの
お知らせなどで通知が届く

▼ 勘定廃止通知書と非課税口座廃止通知書の違い

	勘定廃止通知書	非課税口座廃止通知書
パターン	すでに非課税で持っている商品をそのまま保有したい場合	すでに非課税で持っている商品を売却するか、課税口座に移す場合
メリット	これまでの非課税枠がそのまま使える	管理がシンプルになる
デメリット	変更前と変更後で非課税口座が分かれるため管理が面倒	これまでの非課税枠が使えない

Section 09

新NISAの落とし穴

お得が強調されがちな新NISAですが、損をする可能性や、デメリットもあるので、覚えておきましょう。

利益が出なければメリットはない

新NISAは投資で得た利益に税金がかからない制度ですので、利益が出なければメリットはありません。 この本で解説しているように、リスクを抑えて投資するための基本を守り、長期的な利益を目指すことを心がけましょう。

損益通算や繰越控除はできない

特定口座や一般口座では、投資で被った損失を別の投資で得た利益から差し引く「損益通算」や、損失を最大3年間繰り越して、翌年以降に通算できる「繰越控除」という制度が使えます。

一方、新NISAは税金がかからない口座のため、損失も税務上ないものとみなされ、損益通算や繰越控除の対象外です。 特定口座で売却した金融商品に利益が出て、新NISAで売却した金融商品のほうで損失が出た場合、新NISAで発生した損失は特定口座での利益と相殺できず、利益のすべてに対して税金がかかります。対策は第7章3節で解説するので、よく確認しておきましょう。

Section 09 新NISAの落とし穴

名義人死亡時に税金が過大になることがある

　課税口座の金融商品を相続する場合、被相続人が購入したときの価格を簿価として引き継ぐため、購入時より値上がりしていなければ、相続人が売却をしても、税金はかかりません。

　一方で、新NISAにある金融商品を相続する場合、相続人の新NISA口座に移管することはできず、課税口座に移管することになります。その際は相続時の評価額（時価）が、相続人にとっての簿価として扱われます。

　たとえば、被相続人が100万円で購入した金融商品を相続する際、相続時の時価が50万円である場合は、相続人は50万円で取得したとみなされるのです。そのため、被相続人が購入した時の価格である100万円まで回復してから売却した場合、1円も利益が出ていないのに、相続時から値上がりした50万円に対して課税されてしまいます。

Point

● 新NISAは、利益が出てはじめてメリットがある

● 課税口座との損益通算はできず、税務上不利になることがある

● 名義人の死亡時、相続人が払う税金が多くなることがある

4

新NISAの入口

▼ 新NISAで注意すべきこと

新NISAで購入した商品は損益通算ができない

特定口座内の場合は損益通算可能
※3年間は繰越控除も可能

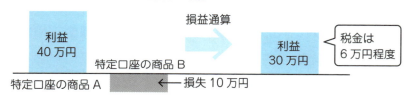

新NISAで購入した商品は、特定口座にある商品と損益通算ができない

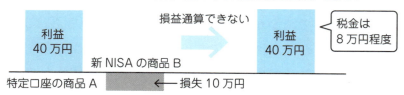

新NISAで購入された商品を相続する時は税金に注意

特定口座で購入された商品を相続する場合

新NISAで購入された商品を相続する場合

Section 10

旧NISAをやっている場合これだけは注意！

一般NISAやつみたてNISAで保有する資産は、新NISAとは別の非課税枠になります。注意点を確認しておきましょう。

旧NISA口座にある商品は期限まで非課税運用できる

旧NISAの口座にすでに商品がある場合は、新NISAとは別枠で管理され、引き続き非課税で運用できます。非課税の期間は、一般NISAであれば購入時点から最長5年間、つみたてNISAであれば最長20年間で、延長はありません。

損失が出ている状態で非課税期間を終えてはダメ

最も重要なことは、非課税の期間に、利益を出して売却しておくことです。

非課税期間が終了したときは、売却をするか、課税口座に移して持ち続けるか、選択をすることになります。値上がりしている場合はどちらの選択肢をとってもよいのですが、問題は値下がりしている時です。

損失を出して売却した場合の扱いは、新NISAと同じで、損益通算や繰越控除ができません。また、課税口座に移す場合、移した時の評価額（時価）が簿価になります。すると、第4章9節で説明した、相続時に関するデメリットと同じようなことが

起こり、場合によっては、実質的には損失が出ているのに、税金まで払う羽目になることもあります。

旧NISAで金融商品を保有していて、ある程度利益が出ているならば、一度売却したほうが無難なのです。 もし、その商品を継続保有したいのであれば、同じ銘柄を新NISAで買い直すか、課税口座に移しておけばよいでしょう。

▼ 旧NISAをやっている人が注意すべきこと

損失のまま非課税期間を終えると…

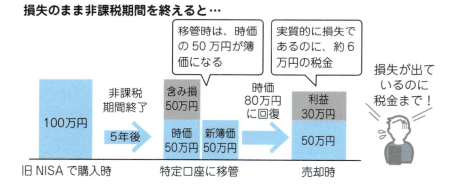

非課税期間中、利益が出ているうちに売却しておこう

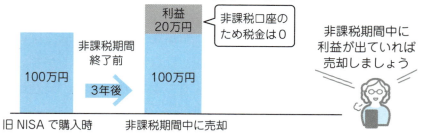

Point
- 旧NISA口座の商品は、期限まで非課税で継続できる
- 非課税期間内に、利益確定することが重要

第 5 章

50代・60代から
はじめる
新NISA戦略

Section 01

基本は積み立て！
収入があるうちが勝負

50代・60代の基本戦略は、働けるうちに収入を積立投資し、資産形成を行うことです。

50代・60代は資産形成をはじめるラストチャンス

50代・60代から老後資金をつくるための基本的な方法は、積立投資です。第1章3節で説明したように、**この年代はお金を貯めやすい最後の時期です**。働けるうちは働き、生活費以上の収入を確保して積立投資をすることが基本戦略です。

50代・60代から積立投資をした場合の、資産の増え方をみてみましょう。

右の図は、毎月13万円を年利回り5％（年複利）で積立投資をした場合のシミュレーションです。このシミュレーションに基づくと、70歳までにつくることができる資産額は、55歳から投資を開始した場合は3,457万円、65歳からでも885万円となります。今からでもはじめる価値があるといえるでしょう。

リスク許容度や目標額に応じたリスクの取り方が大切

「年利回り5％」の達成を目指すには、それなりにリスクをとった投資をする必要があります。年利回り5％弱を目指す例として、内閣府が2021年7月に公表した「大学の研究支援を目

Section 01　基本は積み立て！ 収入があるうちが勝負

的としたファンドの基本方針」にあるポートフォリオが、1つの参考として挙げられます。その内容は、国内外の株式65％、債券35％の比率とし、運用目標は4.38％以上というものです。長期分散投資で5％の年利回りを目指すには、少なくとも投資額の7割程度を株式などに投資する必要がありそうです。もう少しリスクを抑えたい人は、リスク許容度や目標額を確認し、自分に合った利回りの目標を設定するとよいでしょう。

▼ 50代・60代からでも、70歳までにこれだけ資産がつくれる

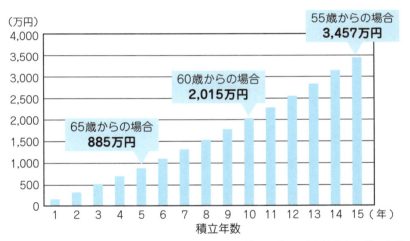

※ 月に13万円ずつ、年利回り5％（年複利）で積立投資をし続けた場合

Point
- 50代・60代は資産形成のラストチャンス
- 50代・60代でも、投資で十分な老後資金をつくれる

Section 02

積立額の決め方

積立額の決め方を学び、自分自身に当てはめて実践してみましょう。

収入と支出のバランスから決める

　まずは現在の収入と支出のバランスと、現在保有している資産の状況をみて、無理のない範囲で積み立てる金額を検討しましょう。

　保有資産の中で、生活の予備資金・使う予定のある資金・緊急資金が備えられていれば、積み立て可能な金額をすべて投資してもよいでしょう。もし足りない場合は、積み立て可能な金額の中からこれらの資金を準備しつつ、積立投資もなるべく並行して行います。

　現在の収入から支出を差し引いて、十分に積立投資ができる金額を捻出できればよいですが、毎月ギリギリの収支であったり、赤字の場合もあるでしょう。そのような人は一度支出を見直す必要があります。少なくとも手取り収入の5%〜10%は積み立てられるのが理想です。

積立額は一定でなくても良い

　50代・60代は、収支の状況が変わりやすい年代です。余裕のあるタイミングでは積立額を多く、収支が厳しいタイミングでは少なくなるように計画を立てるほうがよいでしょう。

　毎年の収支をシミュレーションし、それにあわせた積立額を

124

Section 02　積立額の決め方

設定すると、無理なく積み立てを続けやすくなります。状況が変わったら、積立額を変更する前提で、柔軟に考えておくことがポイントです。

目標額から決める

目標額から逆算し、積立投資に回す金額を算出しましょう。

たとえば、第2章6節で示した「100歳まで暮らすためには1,812万円足りない」という例に基づいて考えます。実際にはその額が一度に必要になるわけではなく、取り崩しながら使うはずです。70歳から100歳までの間に月5万円取り崩すと1,800万円になるので、これを目安に考えてみます。使っていない分は引き続き運用して増やすことができるので、70歳時点で1,800万円の満額を用意できていなくても大丈夫です。

次ページの図は、70歳から100歳まで、年利回り5%で運用しながら月に5万円ずつ取り崩して使いたい場合、70歳までにいくら積み立てておけばよいかというシミュレーションです。60歳から70歳まで積み立てる場合は、月々 61,282円投資すればよいということになります。

Point

- 積立額は、収支のバランスから無理のない範囲で決める
- 目標額も参考にして積み立てる
- 必ずしも目標額の全額を用意しなくてもOK

▼ 積立額の決め方シミュレーション

60歳から月61,282円を年利回り5％（年複利）で積立投資すれば、70歳で950万円になる！

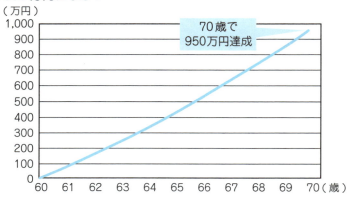

950万円を年利回り5％（年複利）で運用しながら月に5万円ずつ取り崩すと、70歳から100歳まで資産がもつ！

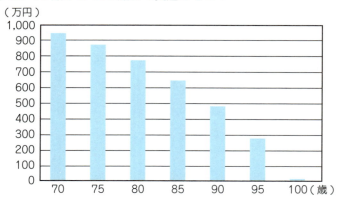

何％で運用しながら取り崩すのかによって、積立額は変わります。実際には、取り崩しをはじめたら、リスクを抑えた運用（＝リターンも低くなる）に切り替える場合もあるでしょう。
リスクの取り方を考えたうえで、目標額と積立金額を決めましょう。

Section 03

50代・60代の投資初心者には投資信託がおすすめ

少額で分散投資ができる投資信託は、はじめての投資にぴったりの金融商品で、活用するメリットがたくさんあります。

老後資金の形成が目的なら投資信託だけで十分

50代・60代の投資初心者には、投資信託を活用した長期積立投資がおすすめです。あとの章で個別株式へ投資する魅力について説明をしていますが、これは投資への興味・関心が高まった方へ向けての話です。**新NISAで投資する目的が老後の生活や趣味などのための資金づくりであれば、投資信託を活用するだけで十分です。**

投資信託のメリット

①少額で分散投資ができる

投資信託は、1万円程度(積み立ての場合はさらに少額から可能)から購入でき、その中で数十〜数千の投資対象に分散投資されています。分散投資の効果で、個別に株式投資をするよりもリスクを抑えることができます。

②専門家が運用してくれる

専門家が個別の銘柄選定や売買などをするので、投資家は株式などに対する分析や運用判断をする必要がありません。

③個人では投資しにくい資産へ投資できる

海外の株式などは、個人では買いにくい場合が多く、また、運用に必要な海外の情報を、個人で収集するのは大変です。投資信託であれば、そうした海外の金融商品にも、手軽に投資ができます。

④透明性が高い

信託銀行が分別保管しているため、運用会社や信託銀行が破綻するようなことがあったとしても、投資信託の資産は、その時の時価で守られる仕組みになっています。また、運用成績やリスクの大きさなどが公表されているので、自分に合った商品が選びやすく、安心です。

Point

- 投資初心者が資産形成のために投資をするなら、投資信託が最適
- 投資信託なら、手軽に少額で分散投資ができる

Section 04

投資信託の種類①

指数に連動する インデックスファンド

インデックスファンドは、株価などの代表的な指数に連動した成果を目指す投資信託です。特徴を理解しましょう。

インデックスとは何？

インデックスとは、日本株式であれば日経平均株価やTOPIX、米国株式であればNYダウやS&P500などの指数のことで、市場の大きな動向を知るための指標に使われます。株式以外の指数も多く存在し、そうしたものに連動する投資信託も多数あります。

インデックスファンドのメリット

①値動きがわかりやすい商品が多い

インデックスファンドは指数に連動しているため、テレビのニュースなどで頻繁に目にする株価指数の商品であれば、値動きがわかりやすいといえます。また、株価指数の組み入れ銘柄には、市場流動性（現金化のしやすさ）や時価総額の大きさなどの選定基準があるため、初心者にとっては安心感があります。

5

50代・60代からはじめる新NISA戦略

129

②コストが低い

　指数に連動することを目指し、機械的にファンドを運用するため、ファンドマネージャーは企業の調査・分析などをする必要がありません。そのため、**運用コストが低く、費用（信託報酬）が低く設定されています。**

③長期積立投資に向いている

　株式市場全体は、経済成長に伴い長期的に上昇する傾向があります。株価指数に連動するインデックスファンドの中でも、**株式市場全体に近い動きをする商品は、経済成長の恩恵を受けながら長期的に利益をあげる投資方法に向いています。**

インデックスファンドのデメリット

　株式指数はさまざまな種類があり、それぞれ特性をもっています。指数を構成する銘柄が時価総額の大きい銘柄に偏っているなど、想像よりも分散されていない場合もあります。中身を確認してから投資する必要があるでしょう。

Point

- ●インデックスとは、市場の動きを示す指数のこと
- ●インデックスファンドはインデックスに連動した運用成果を目指す
- ●インデックスファンドは、長期的な資産形成に適している

Section 04　指数に連動するインデックスファンド

▼ インデックスファンドとは

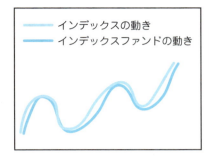

インデックスの動き
インデックスファンドの動き

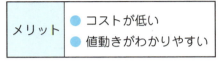

インデックスに連動する運用成果を目指すのがインデックスファンド

| メリット | ● コストが低い
● 値動きがわかりやすい |

▼ 主なインデックス

日本株式	日経平均株価	日本経済新聞社が、東京証券取引所に上場する銘柄から流動性の高い225銘柄を選定して算出した株価指数
	TOPIX	東京証券取引所に上場する銘柄（現在の銘柄数は2,000以上）を対象として算出・公表されている、日経平均株価と並ぶ、日本の代表的な株価指数
海外株式	S＆P500（米国）	S＆Pダウ・ジョーンズ・インデックス社が公表する、ニューヨーク証券取引所、ナスダックに上場する企業から選ばれた約500の銘柄で構成される株価指数
	NYダウ平均（米国）	S＆Pダウ・ジョーンズ・インデックス社が公表する、米国で影響力のある主要な30銘柄により構成される株価指数
	NASDAQ（米国）	世界最大のベンチャー企業向け株式市場である、米国のNASDAQに上場するすべての銘柄を対象とする株価指数
	MSCI ACWI（世界）	MSCI社が算出。先進国23ヶ国及び新興国24ヶ国の大型株と中型株のうち、時価総額が大きい銘柄で構成され、世界の株式時価総額の約85％をカバーする株価指数（2024年6月28日時点）

Section 05

投資信託の種類②

より高い収益性を目指すアクティブファンド

アクティブファンドは指数を上回る成果を目指す投資信託です。信託報酬が高めですが、高い収益が期待できます。

アクティブファンドとは何？

指数に連動する運用成果を目指すインデックスファンドに対して、**アクティブファンドは、指数を上回る運用成果を目指す投資信託です**。ファンドマネージャーと呼ばれる投資のプロが、あらかじめ決められた運用方針のもとで、調査や分析を通じて、投資対象を決定しています。

柔軟な運用で大きな運用成果が期待できる

インデックスファンドは、指数への連動を目指すため、ファンドマネージャーは機械的な操作に徹します。**一方でアクティブファンドは、ファンドの運用方針に基づき、ファンドマネージャーの調査・分析力などを駆使して、高い運用成果を追求します**。ただし、必ずしも期待された成果が実現するわけではないことに注意が必要です。

また、アクティブファンドの運用は、ファンドマネージャーが企業に直接話を聴きに行ったり、データを使って詳細な分析

Section 05　より高い収益性を目指すアクティブファンド

をするためのコストがかかるため、信託報酬は高めです。

アクティブファンドを選ぶ際のポイント

　アクティブファンドを選ぶ際は、目論見書（投資判断に必要な重要事項を説明した書類）で特徴やリスクを確認しましょう。また、第3章16節で解説した標準偏差とシャープレシオを使って、リスクの高さや、リスクに見合ったリターンが期待できるか確認しましょう。トータルリターン（一定期間内に金融商品への投資から得られる総合収益）を比べるのもよいでしょう。

▼ アクティブファンドとは

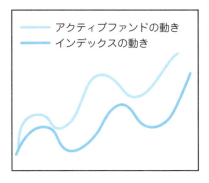
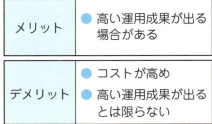

Point
- アクティブファンドは指数を上回る運用成果を目指す
- 必ずしも高い運用成果が出るとは限らない

Section 06

失敗しない！投資信託の選び方①

コストが低い商品を選ぶ

コストは運用成果に影響を与えます。低いほどよいわけではありませんが、コストが運用成果に見合っているか、確認するのがポイントです。

コストと運用成果のバランスを考えることが大切

投資信託におけるコストの種類は、第3章18節「投資にかかる費用」で解説しました。**最も資産形成に影響を与えるのは、長い運用期間中にかかってくる信託報酬です。**

たとえば、信託報酬が年0.1％の投資信託と、年1.0％の投資信託を比較してみましょう。月10万円ずつ、年利回り5％（信託報酬控除前）で10年間投資した場合を考えます。信託報酬を差し引いて計算すると、10年後の資産総額には、約70万円もの差が生まれる計算になります。

なお、信託報酬が高ければ、それだけよい運用成果が得られる、というものではありません。信託報酬が高いアクティブファンドには、優秀な成果を上げている商品もある一方、インデックスファンドよりも運用実績がふるわない商品もあります。

また、同じ指数に連動するインデックスファンドの場合でも、商品によって信託報酬が異なります。目指す指数が同じであれば、運用成果は大きく変わりません。第5章7〜8節で解説する純資産総額や資金の流出額などとのバランスも考える必要が

134

Section 06　コストが低い商品を選ぶ

ありますが、**同じ指数に連動する商品どうしを比べる際は、信託報酬がより低い商品を第一候補に選ぶとよいでしょう。**

なお、購入時手数料については、手数料が無料の「ノーロード」と呼ばれる投資信託も多くあります。ネット証券などでは、ほとんどの投資信託の購入時手数料を無料にしているところもあります。

▼ コストの差が運用成果に影響する

月10万円を、年利回り5％（年複利・5％は信託報酬控除前）で10年間積立投資した場合　信託報酬1％と0.1％の違い

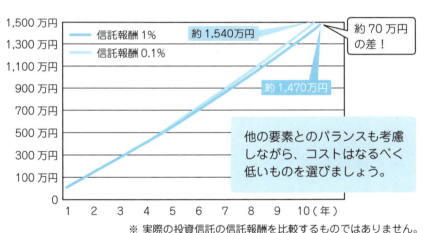

※ 実際の投資信託の信託報酬を比較するものではありません。
※ 信託報酬に対する消費税は考慮しておりません。

Point
- 信託報酬は、資産形成に与える影響が大きい
- 信託報酬が高ければ優秀な商品であるとは限らない
- 同じ指数に連動する商品なら、信託報酬が低い方を第一候補にするのがおすすめ

Section 07

失敗しない！投資信託の選び方②

純資産総額が小さい投資信託は要注意

純資産総額の小さい投資信託は、要注意です。購入する前にチェックしておきましょう。

純資産総額とは？

純資産総額とは、投資信託の中身である有価証券などの時価総額で、投資信託の規模を確認するために便利な指標です。純資産総額が小さすぎると、ファンドの運用上、悪影響が生じることがあるため、注意する必要があります。

純資産総額が小さいことによるデメリット

①繰上償還になる可能性が高まる

繰上償還とは、信託期間が終了する前に（無期限の場合は運用の途中で）投資信託の運用が終了することです。繰上償還が決まると、投資信託の資産は清算され、投資家には「償還金」として、現金が戻ってきます。

繰上償還された時に損失が発生している場合、実現損が発生し、新NISA利用による非課税メリットが失われてしまいます。運用を続ける場合は、似たような投資信託を同じ額だけ買わなくてはいけません。手間もかかりますし、購入時手数料がかか

Section 07　純資産総額が小さい投資信託は要注意

る場合は、再度払う必要があります。課税口座で投資した場合は、買い直したことで、余計な税金を払うことになる場合もあります（次ページの図）。

　純資産総額は、30億円未満になった場合に繰上償還できることになっている投資信託が多いです。**特に、投資初心者の場合、ある程度実績のある100億円以上の投資信託を選択したほうが無難といえます。**

②効率的な運用ができなくなる

　投資信託を運用する側からすると、純資産総額が小さい場合、運用操作の自由度が小さくなってしまい、思うような運用実績をあげることが難しくなります。その投資信託を保有している投資家は、基準価額の低迷や、分配金などの減少というかたちで不利益を被ることになります。

▼ 純資産総額とは

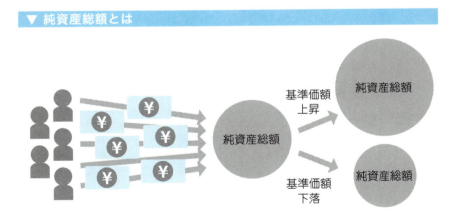

▼ 繰上償還になると税務上不利になることも

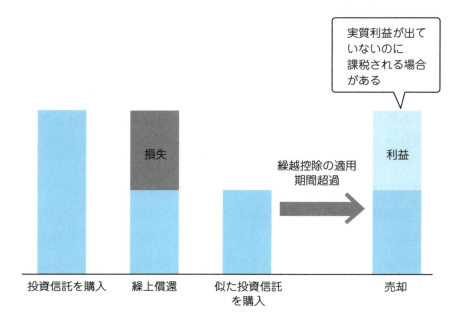

:::Point
- 純資産総額が小さいと、意図しないタイミングで投資信託が現金化される可能性がある
- 純資産総額が小さいことが、運用の質を悪化させる要因になる
:::

Section 08

失敗しない！投資信託の選び方③

資金の純流出が続いているものは要注意

純資産総額が大きいだけではなく、運用するための資金がしっかり入ってきている投資信託を選びましょう。

資金の流出より流入が大きいかどうかがポイント

　純資産総額の大きさ以上に大切なのが、「その投資信託に資金が入ってきているかどうか」です。特にアクティブファンドにおいては重要です。設定されてまもない投資信託は、純資産総額が大きくない場合もあります。それでもその投資信託を購入する人が多くいて、解約などによる資金流出以上に資金が入ってきていれば、基本的に問題はありません。

　一方で、純資産総額が大きくても、資金がどんどん出ていっている場合は要注意です。**解約による資金流出が購入による資金流入を上回ると、トータルで資金は流出している（純流出）ということになります。**このような状態が続くと、ファンドマネジャーは投資信託に組み入れられている株式や債券を売却し、解約された分を現金で支払うための資金をつくる作業に追われます。

5

50代・60代からはじめる新NISA戦略

139

資金の純流出が続くと運用成績が悪化しやすい

　資金流入のほうが多ければ、相場が下がっていても優良な銘柄を安く購入し、将来の運用成果を高めるための措置をとることができます。**しかし、資金が流出している場合は運用資産を売却し続けるしかなく、本来であれば売らないほうがよい株式や債券まで売却しなければならないこともあります。また、価格上昇が見込めそうな株式を購入するといった、運用成果をあげるための対策が何もできなくなります。**結果、基準価額の低迷や、分配金の減少につながり、その投資信託を保有している投資家は損失を被る可能性が高まります。

　資金が流出しているかどうかを確認するためには、証券会社などがそれぞれの投資信託に対して出している、分析ページ（SBI証券の場合は「詳細な分析情報」）にある「資金流入出額」などのグラフで確認ができます。純資産総額とあわせて確認をして、投資信託を選ぶ際の参考にしましょう。また、資金流入の状況は変化しますので、すでに保有している投資信託に対しても、定期的にチェックするとよいでしょう。

Point

- ●投資信託の資金流出は運用成果の悪化につながる
- ●投資信託は、資金がしっかり流入しているものを選ぶ

Section 08　資金の純流出が続いているものは要注意

▼ 資金が流出すると……

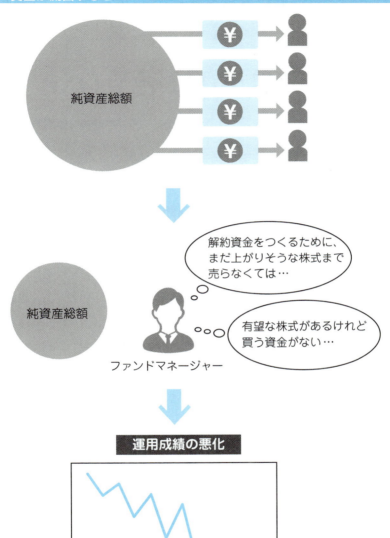

失敗しない！投資信託の選び方④

信託期間が無期限のものを選ぶ

長期積立投資には、信託期間が無期限の投資信託が向いています。

資産形成には信託期間が無期限の投資信託がおすすめ

新NISAは制度上、信託期間が20年未満の投資信託には使えないようになっています。信託期間がそれ以上で、他の条件が合致していれば新NISAでの投資は可能になりますが、**長期積立投資においては、信託期間が無期限の投資信託を選ぶほうがよいでしょう。**

信託期間がある投資信託のデメリット

信託期間が決まっている投資信託を選んでしまうと、まだ投資を続けたいのに期間が終了して、償還されてしまうということが起こります。そのような場合、改めて銘柄を選び直さなくてはならなくなります。長期の運用が前提なので、その時期が来るころには、自分が高齢になっているということも十分考えられます。高齢になった時に、買い直しなどの手間を発生させるのは得策ではないでしょう。また、**長年積み立てて、金額が大きくなった状態で償還されてしまう場合、別の投資信託を買**

Section 09　信託期間が無期限のものを選ぶ

い直そうと思っても、年間投資枠を超過してしまって、非課税枠で買いきれない、ということも想定されます。さらに、損失が出ている状態で償還になると、損失が確定されてしまう懸念や、買い直す際に購入時手数料がかかるというデメリットもあります。長期積立投資で信託期間のある投資信託を選ぶ理由はないといっていいでしょう。

　信託期間は、目論見書の「お申込みメモ」や、証券会社の商品情報ページに掲載されています。確認してから購入するようにしましょう。

▼ 信託期間が終了すると非課税枠で買い直せなくなることも

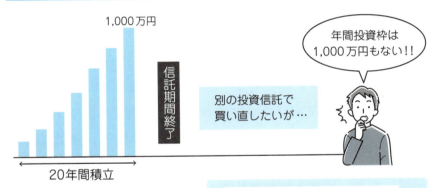

Point
- 資産形成には信託期間が無期限の投資信託が最適
- 信託期間は、目論見書などで確認をする

Section 10

失敗しない！投資信託の選び方⑤

債券型投資信託に注意する

リスクが低く、魅力的に見える債券型投資信託ですが、個人のポートフォリオに組み入れるかどうかは見極める必要があります。

債券型投資信託を個別に買う必要性は低い

国債や地方債などで運用をする投資信託は、個人が長期積立投資で資産形成を行うにあたっては、メインの投資先にはしないほうがよいでしょう。

ポートフォリオに債券を組み入れる目的は、リバランスをしながら、ポートフォリオ全体の値動きを安定（＝リスクを抑える）させるためです。株式に投資する投資信託と、債券に投資する投資信託を別々に買う場合、自分でリバランスをする必要があります。**株式と債券の両方を組み入れたバランス型の投資信託を購入すれば、商品の中でリバランスも行ってくれるので、確実かつ効率的に投資ができます。**

預貯金でリスクをコントロールする方法もある

リスクを抑える方法は、債券を組み入れることだけではありません。**株式に投資する投資信託のみで投資を行い、預貯金を多めに持っておくというのも1つの方法です。**

Section 10　債券型投資信託に注意する

為替変動リスクによる損失に気をつける

　海外の債券に投資する投資信託は、為替変動リスクを伴います。大幅な円高になった場合には、想定よりも損失が大きくなる可能性があります。債券だからリスクが低いと思っていると、想像以上に値動きがあることに戸惑うかもしれませんので、注意しましょう。

▼ リスクを抑えたい場合はバランス型投資信託を選ぼう

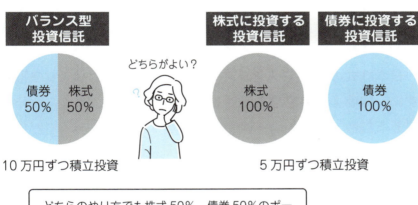

どちらのやり方でも株式50％、債券50％のポートフォリオはつくれますが、別々に投資した場合は自分でリバランスをする必要があります。

バランス型に投資をしたほうが、手間がかからずよいでしょう。

Point
- 債券型投資信託を個別に購入するより、バランス型の投資信託を購入した方が効率的に投資できる
- 海外債券型の投資信託は、為替変動リスクに注意する

Section 11

初心者におすすめの投資信託①

日本株式の
インデックスファンド

値動きがわかりやすく、為替変動リスクがない日本株式のインデックスファンドは、初心者にも馴染みやすい商品です。

日本株式のインデックスファンドの特徴

日本株式のインデックスファンドは、為替変動リスクを取らずに、株価上昇の恩恵を受けることができます。また、馴染みのある指数であるため、値動きがわかりやすく、初心者が投資の感覚をつかむために適しているといえます。

日本株式のインデックス

①日経平均株価

「日経225」とも呼ばれる、日本の代表的な株価指標です。東京証券取引所プライム市場上場銘柄から選定した225銘柄から構成されます。選定は日本経済新聞社が行い、市場流動性の高さや、業種のバランスが考慮されます。また、定期的に組み入れ銘柄の見直しが行われます。

日経平均株価は、単純平均に近い算出方法を採用しているため、**時価総額の大きい銘柄よりも、株価が高い銘柄の影響を大きく受けます。**

146

Section 11　日本株式のインデックスファンド

②TOPIX

　東京証券取引所に上場する銘柄を対象として算出・公表されている、日経平均株価と並ぶ、日本の代表的な株価指数です。

　1968年1月4日の時価総額を100として、各銘柄の浮動株数（市場に流通する可能性が高い株数）に基づく時価総額を合計して算出しているため、**時価総額が大きい銘柄の影響を受けやすく、日本株式市場全体の動きを反映しているといえます。**

　なお、東京証券取引所の再編を契機に、TOPIXの構成銘柄も見直されており、2025年1月末までは移行期間です。

▼ 日経平均株価とTOPIXの特徴

日経平均株価の特徴
- 東京証券取引所プライム市場の上場銘柄から選定した225銘柄が対象
- 日本経済新聞社が銘柄を選定
- 株価そのものの大きさが、指数に大きな影響を与える

TOPIX の特徴
- 旧東証1部上場の全銘柄＊が対象（2024年8月5日時点）
- 2,000銘柄以上の幅広い銘柄が対象（2024年8月5日時点）
- 時価総額が大きい銘柄の影響を受けやすい
  - ＊2022年4月までにTOPIXの算出対象となっていたもの。銘柄選定方法は2025年1月末に向けて移行中

※ 東京証券取引所は、2022年4月に東証1部・2部・マザーズ・ジャスダックの4市場を廃止し、業績や時価総額などを基準に「東証プライム」「東証スタンダード」「東証グロース」の3市場に再編されました。

5

50代・60代からはじめる新NISA戦略

147

▼ 日経平均株価における上位5銘柄の比率

	銘 柄	比 率
1	ファーストリテイリング	10.45%
2	東京エレクトロン	7.78%
3	ソフトバンクグループ	4.60%
4	アドバンテスト	4.03%
5	信越化学工業	2.82%

※ 日経平均株価月次ファクトシート（2024 年 7 月 31 日時点）
（日本経済新聞社）より作成

▼ TOPIXにおける上位5銘柄の比率

	銘 柄	比 率
1	トヨタ自動車	4.43%
2	三菱 UFJ フィナンシャル・グループ	2.63%
3	ソニーグループ	2.42%
4	日立製作所	2.21%
5	三井住友フィナンシャルグループ	1.87%

※ TOPIX 構成銘柄ウェイト一覧（2024 年 6 月 28 日時点）
（日本取引所グループ）より作成

Point

- 日経平均株価は、日本の代表的な銘柄が対象
- TOPIXは、東京証券取引所に上場の幅広い銘柄が対象

Section 11　日本株式のインデックスファンド

▼日経平均株価のインデックスファンド　おすすめ銘柄

銘　柄	信託報酬（年率）	純資産総額
eMAXIS Slim 国内株式（日経平均）	0.143% 以内	106,524 百万円
ニッセイーニッセイ日経 225 インデックスファンド	0.28%	271,571 百万円
One－たわらノーロード 日経 225	0.143% 以内	156,815 百万円
大和－iFree 日経 225 インデックス	0.154%	76,724 百万円

※各投資信託の目論見書より作成

▼TOPIXのインデックスファンド　おすすめ銘柄

銘　柄	信託報酬（年率）	純資産総額
eMAXIS Slim 国内株式（TOPIX）	0.143% 以内	190,869 百万円
ニッセイ－＜購入・換金手数料なし＞ニッセイ TOPIX インデックスファンド	0.143% 以内	77,003 百万円
東京海上－東京海上セレクション・日本株 TOPIX	0.15%	43,781 百万円
大和－iFree TOPIX インデックス	0.154%	15,587 百万円

※各投資信託の目論見書より作成

上記銘柄はつみたて投資枠で購入可能です！
（2024年9月22日時点）

日経平均株価は日本の代表的な銘柄、TOPIX は幅広い上場銘柄が対象です

Section 12

初心者におすすめの投資信託②

全世界株式の
インデックスファンド

低コストかつ、世界の株式に分散投資が手軽にできる、売れ筋
の投資信託です。為替変動リスクには注意しましょう。

初心者におすすめの商品は？

　低コストで、世界の株式に投資できるインデックスファンド
は、初心者にも適しています。数ある商品の中でも、MSCI オー
ル・カントリー・ワールド・インデックス（MSCI ACWI）とい
う指数に連動する投資信託がおすすめです。ただし、株価変動
や為替変動の影響を大きく受けますので、初心者が一括でたく
さん購入するには注意が必要です。

MSCI ACWIとは何か？

　この指数は米国のMSCI社が開発した株価指数で、先進国
23ヶ国と新興国24ヶ国の株式市場に上場する2,760銘柄
（2024年6月28日時点）で構成されています。現時点では、国
別の割合は米国が60%超を占め、銘柄別ではマイクロソフトや
アップルなど、米国の大企業の割合が多くなっています。時価
総額が大規模な銘柄の影響を大きく受け、また、組み入れ割合
は、時価総額の変動によって変わります。

Section 12　全世界株式のインデックスファンド

MSCI ACWIに連動する投資信託のメリット

　MSCI ACWIに連動する投資信託に投資することで世界中の企業に分散投資でき、世界の経済成長に伴った値上がり益が見込めます。 その理由は、自動的に時価総額の大きい企業の投資比率が高くなるよう調整される仕組みです。時価総額は、その企業の株式を買う人が増え、株価が値上がりすることで大きくなるため、時価総額が拡大している企業は成長しているといえます。**MSCI ACWIは、成長している企業の比率を自動的に増やす仕組みのため、長期で資産を育てやすいのです。** また、信託報酬の低いラインナップが多い点もメリットです。

▼ MSCI ACWIの国・地域別構成比率

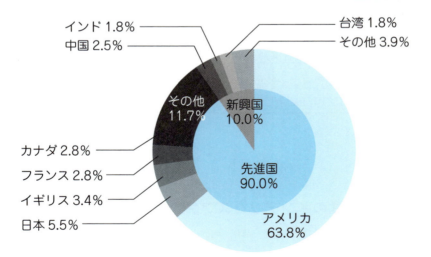

※ eMAXIS Slim 全世界株式（オール・カントリー）
交付目論見書（2024年7月30日時点）より作成

▼ MSCI ACWI 組み入れ上位5銘柄

	銘　柄	比　率
1	MICROSOFT CORP	4.28%
2	APPLE INC	4.19%
3	NVIDIA CORP	4.19%
4	AMAZON.COM INC	2.45%
5	META PLATFORMS INC-CLASS A	1.50%

※ MSCI ACWI Index (USD) Index Fact Sheet（2024 年 7 月 31 日時点）
（MSCI 社）より作成　・2024 年 6 月 28 日時点

▼ MSCI ACWIのインデックスファンド　おすすめ銘柄

銘　柄	信託報酬（年率）	純資産総額
eMAXIS Slim 全世界株式（オール・カントリー）	0.05775% 以内	3,878,528 百万円
楽天・オールカントリー株式インデックス・ファンド	0.06%	178,809 百万円
野村－はじめての NISA・全世界株式 インデックス（オール・カントリー）	0.06%	22,496 百万円
日興－Tracers MSCI オール・カントリー・インデックス（全世界株式）	0.06%	4,346 百万円
三井住友 TAM-SMT iPlus 全世界株式	0.055%＋実績報酬	2,052 百万円

※各投資信託の目論見書より作成

Point

● 全世界株式のインデックスファンドは、長期積立投資に適している
● MSCI ACWIは全世界株式のメジャーなインデックス

Section 13

初心者におすすめの投資信託③

S&P500の
インデックスファンド

S&P500のインデックスファンドは、MSCI ACWIよりも収益を
求めたい人におすすめです。違いを理解して投資をしましょう。

圧倒的に強力な米国経済への投資

米国は最先端技術と革新をもって常に成長し、世界経済を
リードしてきました。革新に満ちた企業が次々と生まれ、育ち、
積極的に株式公開し、あっという間に超巨大企業に成長してい
く構図があります。株式市場は常に成長し、株価も基本的に上
昇トレンドです。**多くの人々が、これから先何十年も強い米国
経済を確信し、米国株式に投資しています。**

S&P500とは？

S&P500（S&P500種指数）は、米国の代表的な株価指数の1
つです。米国のS&Pダウ・ジョーンズ・インデックス社が算出
しており、ニューヨーク証券取引所や、NASDAQに上場およ
び登録されている銘柄の中から、市場規模、流動性、業種など
を勘案して選ばれています。米国株式市場全体の時価総額に対
し約80％を占めており、米国市場全体の動きを反映している
といえます。時価総額の大きいマイクロソフトやアップルなど

の割合が多く、また時価総額の変動があると組み入れ割合も変わります。

S&P500とMSCI ACWI、どちらを選べばよい？

MSCI ACWIは全世界の株式の加重平均であるのに対して、S&P500は米国に集中投資しています。米国の大企業が世界経済を牽引する今は、S&P500の運用成績は好調です。MSCI ACWIと比較すると、S&P500のほうが全体として、リターンが大きくなっています。

MSCI ACWIをベースにした広範な分散投資が基本ですが、米国の経済成長の恩恵を受けたリターンをさらに狙いたいという人は、S&P500にも一部投資し、米国の比率をより高めるのもよいでしょう。ただし、状況に応じて割合を調整する必要があります。

どちらのインデックスファンドも、為替変動リスクがある点は要注意です。

Point

● 米国株式市場の成長率は高い
● S&P500は、全世界株式や日本株式よりも大きなリターンが狙える

Section 13　**S＆P500のインデックスファンド**

▼ S＆P500の採用基準

- 米国企業
- 時価総額が53億ドル以上
- 浮動株（市場に流通している株式）が発行済株式総数の50％以上
- 4四半期連続で黒字の利益を維持している

大企業かつ、儲かっている企業が集められています。

▼ S＆P500のインデックスファンド 組み入れ上位5銘柄

	銘　柄	比　率
1	MICROSOFT CORP	7.20%
2	APPLE INC	6.60%
3	NVIDIA CORP	6.50%
4	AMAZON.COM INC	3.90%
5	META PLATFORMS INC-CLASS A	2.40%

※ eMAXISSlim 米国株式（S&P500）月次レポート（2024年7月30日時点）より作成

▼ S＆P500のインデックスファンド　おすすめ銘柄

銘　柄	信託報酬（年率）	純資産総額
三菱UFJ－eMAXIS Slim　米国株式（S&P500）	0.09372% 以内	5,054,483 百万円
楽天・S&P500 インデックス・ファンド	0.08%	242,432 百万円
SBI－SBI・V・S&P500 インデックス・ファンド	0.0938% 程度	1,729,282 百万円
大和－iFree S&P500 インデックス	0.198%	269,059 百万円
三菱UFJ－つみたて米国株式（S&P500）	0.22%	71,937 百万円

※ 各投資信託の目論見書より作成

Section 14

初心者におすすめの投資信託④

バランス型投資信託

1本でさまざまな資産に投資をするのが、バランス型投資信託です。比較的値動きが抑えられている商品も多くあります。

バランス型投資信託とは何か？

バランス型投資信託は、株式や債券、リートなどのさまざまな資産がパッケージされている商品です。商品によって対象とする資産の種類や割合は異なり、多様な組み合わせがあります。

バランス型投資信託のメリット

バランス型投資信託は、株式のみに投資する商品と比べてリスクが低いことがメリットです。投資初心者の場合、大きく値下がりする場面に遭遇すると「損をしてしまった」というショックで、投資をやめたくなってしまうことがあります。値動きが抑えられているバランス型投資信託であれば、比較的楽な気持ちで、投資を続けられるでしょう。また、50代・60代の人は、老後の生活費を確保しておくために、預貯金に次ぐコアとなる資産として、バランス型投資信託の中でもリスクが低めの商品をポートフォリオに組み入れておくのも一案です。

さらに、リバランスを自動的にしてくれることもメリットです。リバランスは「安い時に買い、高い時に売る」ことを機械的

Section 14　バランス型投資信託

にする仕組みなので、長期的にリスクを抑えながら運用成果を高める効果があります。

バランス型投資信託のデメリットと注意点

バランス型投資信託は、一般的に、インデックスファンドと比べてリターンが低い傾向にあります。

また、**バランス型の中にも、リスクの高いものと低いものがあるため、注意しましょう。**バランス型投資信託を選ぶ際は、それぞれの特徴を知り、どんな資産に何割投資しているのか、確認しておく必要があります。

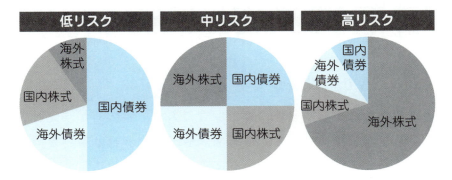

▼バランス型のリスクは商品によって違う！

Point
- バランス型投資信託には、さまざまな種類の商品がある
- リスクが低いバランス型投資信託もある
- 投資の際は、商品の中身を確認する

Section 15

初心者におすすめの投資信託⑤

金に投資する投資信託

金はそのものに価値があるため、ポートフォリオに組み入れることで、リスクを抑えて安全性を高める効果が狙えます。

金は守りの資産に最適

金は、インフレや有事に強いといわれている資産です。金自体に価値があり、また、希少性のある資産であるため、特定の国に関するリスクにも左右されません。**一般的には、先進国の株式と逆の動きをしやすいともいわれるため、ポートフォリオに組み入れれば、効率的にリスクを抑える効果が期待できます。**

新NISAで金投資ができる

現物の金に投資する場合は、保管コスト、手数料が割高というデメリットがあります。投資信託やETFであれば費用を抑えられるうえ、新NISAを使って非課税で投資することもできます。たとえば、金に投資するETFで新NISAの対象となっている「純金上場信託（現物国内保管型）（愛称：金の果実）」は、ETFの残高に応じて現物の金を購入し、保管する仕組みです（これを「金の裏付けがある」といいます）。条件を満たせば、1kg単位で金地金に換金できるため安心です。

Section 15　金に投資する投資信託

金投資の注意点

　金は利息や配当金を生みません。資産形成のベースではなく、守りの資産として、保有資産の10％程度組み入れるのがよいといわれています。また、金価格は国際的に米ドル建てで取引されるため、円に換算した時に為替変動リスクが伴います。なお、前述の「金の果実」の場合、ETFであるため積立設定ができないこと、現物の金に交換する際の手数料に注意が必要です。

金投資も積立投資ができる投資信託がおすすめ

　「金の果実」に投資をする「ファインゴールド」という投資信託は、金価格に連動し、積立投資もできる投資信託です。他にも積立投資が可能な、金価格に連動する投資信託はいくつかありますので、活用して積立投資をするのがおすすめです。

▼ 金投資のメリット

金は……
- そのものに価値がある
- インフレや有事に強い
- 株価下落時に強い

金投資は積み立てできる商品がおすすめです。つみたて投資枠は使えないため、成長投資枠を活用して積み立てましょう。

Point
- リスクを抑える目的で、金に投資する
- 新NISAでは、成長投資枠を活用して金に投資できる

Section 16
つみたて投資枠の使い方

投資初心者が新NISAで運用をはじめるには、つみたて投資枠から活用するのがおすすめです。使い方を確認しておきましょう。

まずはつみたて投資枠から使う

投資初心者は、まずはつみたて投資枠の年間120万円を使って積み立てていきましょう。成長投資枠よりも対象商品の選択肢が狭いように見えますが、長期積立投資に適した、十分な商品ラインナップがそろっています。日経平均株価やMSCI ACWI、S&P500などのインデックスファンドの多くや一部のバランス型投資信託は、つみたて投資枠の対象です。無理は禁物ですが、なるべく満額利用して老後資金をしっかり準備しましょう。

積み立てる頻度は「毎日」がおすすめ

主要なネット証券では、積立金額は100円、頻度は毎日で設定できるところもあります。相場はいつどのように動くかわかりませんので、可能であれば、毎日積立をする設定がおすすめです。長期積立においては、毎月積立と毎日積立に大きな差は生じないかもしれませんが、タイミングをなるべく分散しておくに越したことはありません。

Section 16　つみたて投資枠の使い方

ボーナス月設定で、枠を無駄なく使い切る

　つみたて投資枠の、月あたり最大の投資金額は、年間上限120万円を12ヶ月で按分した10万円です。そのため、年の途中から使いはじめた方は、通常の積み立てのみだと、最初の年は上限まで枠を使いきれません。

　そんなときに役立つのがボーナス月設定です。たとえば、7月からつみたて投資枠を使いはじめた場合、毎月積み立てられるトータルの金額は60万円となり、60万円の枠が余ります。そこで、ボーナス月に60万円追加投資する設定をすることで使い切るのです。満額を使い切りたい人は、活用してください。

▼ ボーナス月設定でつみたて投資枠を使い切る

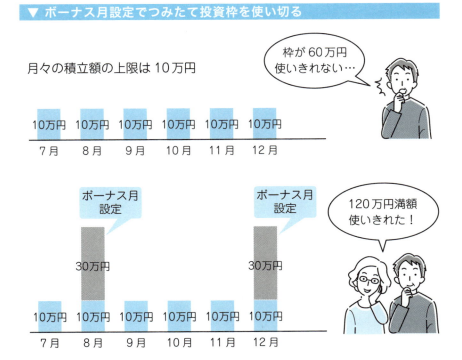

▼ つみたて投資枠対象商品の要件

政令の要件

● 信託契約期間が無期限又は20年以上であること
● ヘッジ目的等（注1）以外の目的でデリバティブ取引による運用を行わないこととされていること
● 毎月分配型でないこと

			金融庁への届出	対象指数	売買手数料(税抜)	信託報酬(税抜)	信託報酬等の実額通知	その他
公募株式投資信託 ※投資の対象資産に株式を含む必要	(1)指定インデックス投資信託	①国内資産を対象とするもの	必要	別途指定された指数	ノーロード(注2)	0.5%以下	必要	—
		②海外資産を対象とするもの				0.75%以下		
	(2)指定インデックス投資信託以外の投資信託(アクティブ運用投資信託等)	①国内資産を対象とするもの		—		1%以下		・純資産額50億円以上 ・信託開始以降5年経過 ・信託期間の2/3で資金流入超
		②海外資産を対象とするもの				1.5%以下		
上場株式投資信託(ETF) ※株式指数のみを対象としている必要	国内取引所のETF		必要	別途指定された指数	1.25%以下(注3)	0.25%以下	必要	・円滑な流通のための措置が講じられているとして取引所が指定するもの ・最低取引単位1,000円以下
	外国取引所のETF							・資産残高1兆円以上 ・最低取引単位1,000円以下

（注1）告示において、①投資の対象とする資産を保有した場合と同様の損益を実現する目的、②価格変動及び金利変動により生じるリスクを軽減する目的、③為替相場の変動により生じるリスクを減じる目的を規定。

（注2）解約手数料（信託財産留保額を除く）、口座管理料についてもゼロ。

（注3）口座管理料についてはゼロ。

金融庁「NISAを利用する皆さまへ」（令和6年6月）より

Point

● 初心者はつみたて投資枠から活用するのがおすすめ
● ボーナス月設定を活用すれば、年の途中から積み立てをはじめても、枠を使いきれる

Section 17

成長投資枠の使い方

自由度の高い成長投資枠は、さまざまな使い方があります。自分に合う方法で活用しましょう。

つみたて投資枠の延長として使う

成長投資枠も、つみたて投資枠の対象商品に投資が可能です。また、積立投資も可能です。つみたて投資枠の対象商品を年間120万円以上積み立てたい場合は、成長投資枠も活用しましょう。

つみたて投資枠の対象外の投資信託を購入する

つみたて投資枠対象の投資信託は280本ほどですが、**成長投資枠の対象は2,000本以上あります**。金に投資する投資信託など、初心者に組み入れをおすすめしたい商品の中には、つみたて投資枠が使えないものもありますので、成長投資枠を利用して積立投資をしましょう。また、リスクが高めの投資信託で、攻めの運用を行うという活用方法もあります。

タイミングを狙った購入をする

つみたて投資枠では、タイミングを狙って、一度に大きな金額を購入することはできません。そのため、相場が大幅に下落して「このタイミングでたくさん購入したい」という場合には対応できません。その点、**成長投資枠は年間240万円の範囲であれば、一度にまとめて購入することができます**。つみたて投資

枠で購入している商品が値下がりした時に、リバランスのために買い増す際にも活用できます。

個別株式への投資に挑戦する

　成長投資枠では、新NISA口座を証券会社で設定している場合、個別株式への投資も可能です。投資信託よりもリスクは高いですが、うまくいけば、大幅な値上がり益も見込めます。新NISAは値上がり益に対してすべて非課税になりますので、株式投資で上手に活用できれば、その効果は絶大です。個別株式への投資は、投資初心者向けとはいえませんが、単元未満株（第5章21節参照）であれば少額での投資も可能ですので、チャレンジしてもよいでしょう。

▼ 成長投資枠の使い方

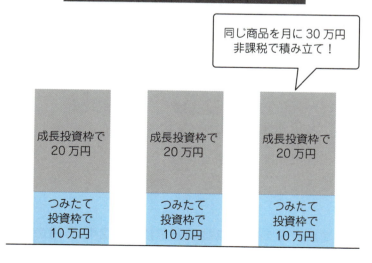

Section 17　成長投資枠の使い方

つみたて投資枠対象外の商品を積み立てる

A 商品（つみたて投資枠対象）

| つみたて投資枠で 10万円 | つみたて投資枠で 10万円 | つみたて投資枠で 10万円 |

B 商品（つみたて投資枠対象外）

| 成長投資枠で 20万円 | 成長投資枠で 20万円 | 成長投資枠で 20万円 |

タイミングを狙ってまとめて買う

株式投資に挑戦する

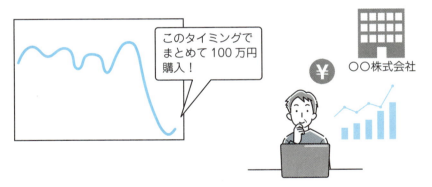

このタイミングでまとめて100万円購入！

○○株式会社

Point

- 成長投資枠も、つみたて投資枠と同じ使い方ができる
- 相場が大幅に下落した時、成長投資枠ならまとめて購入も可能
- 成長投資枠で株式投資に挑戦することも可能

Section 18

新NISAでつくる初心者向けポートフォリオ①

リスク許容度低〜中の人向け

リスク許容度が低めの方向けポートフォリオは、取り崩しのタイミングが近い人にもおすすめです。

バランス型投資信託をメインに値動きを抑える

投資した資産をなるべく安定的に運用したい場合は、バランス型投資信託をメインにポートフォリオを組みましょう。貯蓄額が多くない人や、年金のみの収入になる時期が近い人、大きな値動きがあると動揺してしまう性格の人などにおすすめです。

バランス型投資信託には、さまざまな種類があります。値動きを抑えつつ、ある程度の運用成果を期待するためには、株式の比率が40%〜50%程度の商品を選ぶとよいでしょう。組み入れ比率が固定されている商品は、自動的にリバランスを行ってくれるので、難しいことを考えずに、積み立てを続けるだけにしたい人に向いています。たとえば、国内株式、国内債券、先進国株式、先進国債券へ均等に投資を行う4資産分散型の商品などがわかりやすくてよいでしょう。

Section 18　リスク許容度低〜中の人向け

金を加えて、分散投資効果を高める

　市場が不安定になって有価証券の信用が低くなると、市場のお金は、それ自体に価値がある金などに流れる傾向があります。そのため、ポートフォリオに10％程度加えることで、分散投資の効果が期待できます。金などのコモディティは、初心者には不向きと思われることもありますが、投資信託で手軽に積み立てができる商品もありますので、敬遠せずに活用しましょう。

▼ リスクを抑えた初心者向けポートフォリオ

よりリスクを抑えたい人は、バランス型投資信託の中でも、債券の割合がより多いものを選びましょう。

銘柄構成例

ニッセイ・インデックスバランスファンド（4資産均等型）	90%
ファインゴールド	10%

内訳

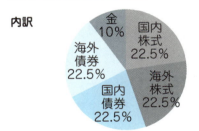

※内訳は各投資信託の2024年8月5日時点の目論見書より算出

Point

● リスク許容度が低い人は、バランス型投資信託を中心に投資する

● ポートフォリオに金を加えて、分散投資の効果をより高めるとよい

Section 19

新NISAでつくる初心者向けポートフォリオ②

リスク許容度中〜高の人向け

為替変動リスクを抑えた日本株式が中心のポートフォリオです。株価上昇のメリットを受けたい人や、日本経済の成長に期待したい人におすすめです。

為替変動リスクを抑えつつ株価値上がりの恩恵も享受

日経平均株価やTOPIXなどの馴染みのある指数のインデックスファンドと、バランス型投資信託、金で構成するポートフォリオです。**為替変動リスクのある資産の割合を抑えながら、株価上昇の恩恵を受けたい人におすすめです。**

S&P500やMSCI ACWIなどの、海外資産が中心の株式指数に連動するインデックスファンドが人気を集めていますが、為替変動リスクを伴う点に注意が必要です。たとえば、1ドル160円から1ドル150円に円高が進んだ場合、対ドルで6.25％、円の価値が下がったということになります。この場合、仮にS&P500（米ドルベース）が、ニューヨーク市場で4％上昇したとしても、円ベースでのS&P500のインデックスファンドは2.25％の下落となってしまうのです。

日本株式のインデックスファンドが中心のポートフォリオであれば、直接的な為替変動リスクがない分、海外株式を中心に

168

Section 19　リスク許容度中〜高の人向け

するよりも、リスクを抑えることになります。
　なお、バランス型投資信託と金を加えることで、資産を分散してリスクを抑え、運用効率を高める効果があります。バランス型を30％、金を10％を目安に振り分けるとよいでしょう。

▼ 為替リスクを抑えたい人向けのポートフォリオ

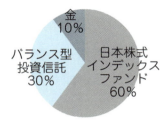

銘柄構成例

eMAXIS Slim 国内株式（日経平均）	60%
ニッセイ・インデックスバランスファンド（4資産均等型）	30%
ファインゴールド	10%

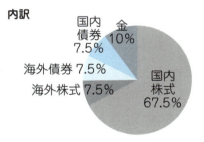

※内訳は各投資信託の2024年8月5日時点の目論見書より算出

為替リスクは大きく取りたくないけれど、株価上昇の恩恵を受けたい、という人にぴったりです。馴染みのあるインデックスに連動する商品を選べば、値動きもわかりやすいポートフォリオになります。

Point

- 日本株式のインデックスファンドは為替変動リスクがなく、海外株式のインデックスファンドよりもリスクが低い傾向がある
- 日本株式のインデックスファンド中心のポートフォリオは、為替変動リスクを抑えてインフレ対策をしたい人にもおすすめ

Section 20

新NISAでつくる初心者向けポートフォリオ③

リスク許容度高めの人向け

海外株式メインでつくる、攻めのポートフォリオです。

世界の経済成長から恩恵を受けたい人のための構成比

　全世界株式のインデックスファンドをメインにポートフォリオを組めば、世界の経済成長の恩恵を受けた資産形成が期待できます。為替変動リスクを取りすぎないように、日本株式のインデックスファンドを30％加え、値動きを抑えるために金を10％組み入れます。

安全資産も含めてリスクコントロール

　株式が9割を占めるポートフォリオは、リスクが高い構成比に見えますが、**預貯金や個人向け国債などの安全資産も含めてポートフォリオを考えるのであれば、新NISAで投資をする部分は高めのリスクを取るのも1つの方法です。**たとえば、積み立てに回せる余裕資金が月に10万円ある場合、5万円はこのポートフォリオで積立投資・残りの5万円は安全資産で積み立てれば、第5章18節で示したバランス型投資信託中心のポートフォリオに10万円を投資した場合と同程度か、それ以下にリスクを抑えることができます。さらに、半分は安全資産ですの

Section 20　リスク許容度高めの人向け

で、取り崩すタイミングで値下がりしている場合も、ある程度までは実現損を出さずに済みます。

　投資した部分に対する値動きは大きいため、値下がりに動揺しやすい性格の人には向きませんが、含み損に対して割り切って考えられる人や、資産額、収入に余裕がある人にはおすすめの方法です。

▼ 海外株式が中心のハイリスク・ハイリターン型

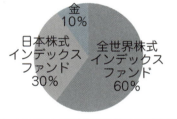

資産に余裕のある人、大きな値動きも許容できる人向けです。
海外株式の割合を増やすと、リスクは高くなりますが、資産を大きく増やせる可能性も高まります。
為替変動リスクを積極的に取ってもよいのであれば、90％を海外株式にすると、さらにリターンが狙えます。

銘柄構成例

eMAXIS Slim 全世界株式（オールカントリー）	60%
eMAXIS Slim 国内株式（日経平均）	30%
ファインゴールド	10%

内訳

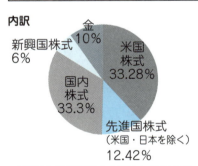

※内訳は各投資信託の2024年8月5日時点の目論見書より算出

Point
- 全世界株式のインデックスファンドが中心のポートフォリオは資産を大きく増やせる可能性が高まる
- 全世界株式の値動きと含み損に注意

Section 21

慣れてきたら
株式投資に挑戦

投資がおもしろいと感じるようになったら、株式投資も選択肢の1つです。成長投資枠を活用して、挑戦してみましょう。

投資の醍醐味が味わえる株式投資

株式投資はリスクが大きい一方、自分で選んだ企業に投資することで大きな利益が期待できるという、投資の醍醐味を味わえる方法です。これぞと思う銘柄に投資して、大きな成果が得られれば、新NISAの非課税効果を最大限に活かすことができます。

新NISAで株式投資をする際の注意

非課税の範囲内で株式投資をするには、成長投資枠の上限である年間240万円以内で行う必要があります。資産形成のベースとなる積立投資に、成長投資枠を活用している場合は、株式投資に使える額はもっと少なくなります。

年間投資枠は、一度売却しても翌年にならないと復活しません。そのため、**売買を繰り返すとすぐに枠がなくなります。非課税枠での株式投資は、中長期の値上がり期待か、配当金目的の長期保有か、いずれかの戦略がよいでしょう。**

なお、株式は通常、1単元である100株から取引が可能です。しかし、これだと個人の投資家にはハードルが高いため、証券

会社各社が100株よりも少ない1株単位で投資できるようにしていることがあります。これを単元未満株と呼んでおり、新NISAの対象です。少額で投資したい場合は、活用するとよいでしょう。

新NISAは米国株式にも投資が可能

米国株式のメリットは、アップルやアマゾンなどの世界の優良企業に投資ができることです。また、高配当かつ経営が安定し、継続的に配当金を出している企業も多く存在します。注意点は、米国株式の値上がり益は非課税ですが、配当金に対する税金は、日本で非課税となる代わりに、米国へ10%払う必要があることです。また、為替変動リスクもあるため、注意しましょう。

Point

● 株式投資で大きな成果が得られれば、新NISAの非課税効果は絶大
● 売買を繰り返すことによる、年間投資枠の超過に注意
● 新NISAは米国株式にも投資が可能。ただし、配当金に対する課税と為替変動リスクに注意

▼ NISA口座で株式投資

株式の一単元（100株）の価格例

銘　柄	一単元あたりの株価
トヨタ自動車	299,650 円
ソニーグループ	1,364,000 円
三菱重工業	182,050 円

※ 2024年7月30日終値で算出

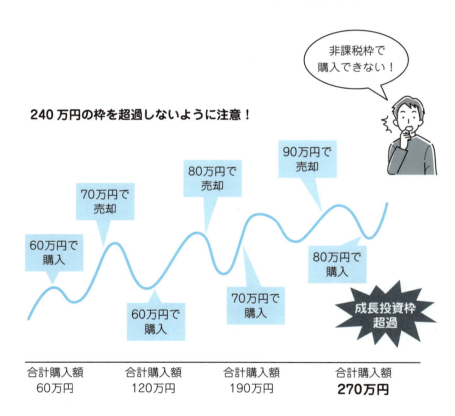

Section 22

株価の変動要因

株価の変動要因の基本を押さえることが、株式投資をはじめる第一歩です。

株価が動く要因

株価は、基本的に需給のバランスで決まります。買いたい人が売りたい人より多ければ株価が上がり、逆なら下がります。**株価が動く理由は、企業自体に関係する内部要因と、市場全体に関係する外部要因に分けられます。**

内部要因：企業業績

企業は、株式を発行して投資家からお金を集め、それを使って必要な物資を揃えたり、人を雇うなどして事業を行います。事業で利益をあげると、企業は株主に配当金などで利益を還元します。**利益還元が期待できる企業の株式は、買い手が集まり、株価が上がります。**これが内部要因で株価が値上がりする理由です。逆に、業績悪化は株価が値下がりする要因です。

外部要因：景気の動向、為替・金利の動向

景気がよいと、モノの売れ行きがよくなります。企業は生産量などを増やして業績は改善し、仕事が増えるため失業率は下がり、給与水準は上がります。すると世の中は、さらにお金を使います。しかし、モノが溢れ供給過多になると、作っても売

5

50代・60代からはじめる新NISA戦略

れなくなるので、企業は生産を抑制して業績が悪化します。生産が少なくなると、またモノが売れはじめ、景気は回復に向かいます。**これが景気変動の基本的なメカニズムで、株価はこの影響を強く受けます。**

　円安は海外に輸出した商品で得られる利益が増えるため、輸出企業にとって有利に、円高は海外から安くモノを仕入れられるため、輸入企業にとって有利になります。

　また、金利は企業の借入金利息に影響します。金利が上昇すると借入金の金利が上がり、支払う利子が増えるため、企業の収益を圧迫して株価には悪影響となります。

▼ 株価はさまざまな要因で変動する

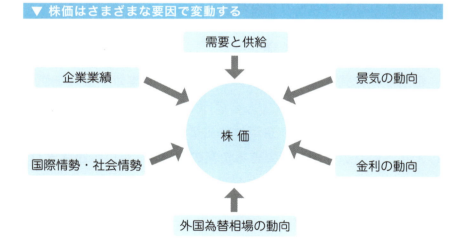

Point
- 株式投資には、株価の変動要因に対する理解が必要
- 株価は内部要因と外部要因が影響しあって変動する

Section 23

株式投資の魅力①

配当金で不労所得が得られる

配当金は、企業が株主に還元する利益です。株式を持つ楽しみの1つといえるでしょう。

配当金とは

企業は、利益の一部または全部を株主に配当金として配分します。

株主は保有株数に応じ、配当金を受け取ることができます。基本的には、会社の利益の状況で配当金の有無・増減が決定しますが、企業の方針によって、利益があっても配当金を支払わない場合、利益がなくても支払われる場合があります。そのため、配当金が多いからといって、たくさんの利益をあげているとは限りません。頻度としては、本決算の際に年1回、あるいは中間決算もあわせて年2回支払う企業が多いです（日本企業の場合）。配当金を受け取るには、権利確定日（多くの企業で決算日と同一日）時点で、株主名簿に登録されている必要があります。配当金を受け取りたい場合は、購入や売却のタイミングに注意しましょう。

新NISAでは、配当金の受け取り方に注意

受け取り方法は、次の3通りです。①を使わないと、**新NISAを使っていても課税されてしまうため、注意してください。**

①株式数比例配分方式

すべての銘柄の配当金を証券口座で受け取る方式

②登録配当金受領口座方式

すべての銘柄の配当金をあらかじめ指定した1つの銀行などの口座で受け取る方式

③個別銘柄指定方式

銘柄ごとに銀行などの口座を指定して配当金を受け取る方式

平均的な配当利回り

銘柄によって配当利回りはそれぞれですが、東証プライム市場に上場している全銘柄の平均配当利回り(単純平均)は2.11%です(2024年7月11日時点)。つまり、平均的な配当利回りの銘柄を200万円持っていると、年間で約42,200円の配当収入が得られる、ということです。配当金を新NISAで上手に非課税で受け取ることも、重要な投資戦略です。

Point

- ●配当金は、企業が株主に還元する利益
- ●企業の方針により配当金の有無、金額の多寡が異なる
- ●新NISAでは株式数比例配分方式で配当金を受け取る

Section 23　配当金で不労所得が得られる

▼ 配当金とは

持っている株数に応じて、配当金の額は決まる

もらえる配当金の額 ＝ **株数 × 1株あたり年間配当額**

▼ 配当利回りとは

$$配当利回り(\%) = \frac{1株あたり年間配当額}{現在の株価} \times 100$$

配当利回りだけで選んではいけない

・株価 4,000円
・1株あたり年間配当額 100円
配当利回り 2.5％

株価下落

・株価 3,200円
・1株あたり年間配当額 100円
配当利回り 3.125％

株価が下がった理由を確認することも大切!!

Section 24

株式投資の魅力②

値上がり益を狙える

株式投資がうまくいけば、値上がり益を狙うこともできます。
そのためには業績と財務の分析が必要です。基本となるポイン
トを押さえましょう。

株式投資の基本は業績と財務の分析

個別株式に投資する際は、その株式を発行する企業の業績と、
財務状況の分析が必要です。確認するべき内容のうち、代表的
なものをみていきましょう。

業績の確認

業績確認は、売上高と営業利益のチェックが基本です。売上
高はモノやサービスを売って得られた金額の合計です。営業利
益は本業で稼いだ利益のことで、売上高から売上原価と販売管
理費を引いた数値です。10年程度のトレンドを見ながら、直
近3年位でこれらが増え続けているか確認しましょう。

稼ぐ力を確認

利益を出す力も重要です。**営業利益率(営業利益/売上高×
100)、経常利益率(経常利益/売上高×100)が高いほど、儲
ける力があるといえます。**また、1株あたり利益を示すEPS(当
期純利益/発行済株式数)が上昇していれば、稼ぐ力が向上して
いるといえます。

180

Section 24 値上がり益を狙える

財務の健全性を確認

　企業の総資産は、発行済株式と事業の利益の蓄積を合計した自己資本（≒純資産）と、借入によって得た他人資本（負債）で構成されます。**負債が多いと、経営が安定しておらず倒産の確率が上がると一般的にいわれ、また返済や利子の負担が多くなるため利益を圧迫します**。負債が多すぎず、自前の資金で経営しているかを表すのが、自己資本比率（自己資本/総資産）です。業種によりますが、30％以上が目安といわれます。

株価が割安か確認

　会社の実力と比べて「株価が安いか」を測るには、PER（株価/EPS）とPBR（株価/1株あたり純資産）を使います。PERが低ければ利益水準と比較して割安、PBRが低ければ保有する純資産に対して割安といえます。

> **Point**
> ● 株式投資で利益を得るためには、業績と財務の分析が必須
> ● しっかりと勉強をしてから、株式投資をはじめる必要がある

Section 25

株式投資の魅力③

株主優待の楽しみも得られる

> 株主優待は、企業が株主に向けて自社商品やサービスなどの優待品を贈ってくれる制度です。

株主優待の内容はさまざま

「株主優待を使って無料で外食をしている」「テーマパークのパスポートを株主優待でもらってお得に楽しんでいる」という話を聞いたことがある人もいるのではないでしょうか。

　一定数の株式を保有していると、配当金とは別に、商品やサービスの特典が受けられる場合があり、これを「株主優待」と呼びます。内容はさまざまで、その企業が提供している商品そのものや、サービスのチケット、中にはポイントがもらえる銘柄もあります。

優待がお得かどうかの目安は、優待利回りの高さ

　優待がお得かどうかは、個人の趣味や実益に合致するかが大きな判断軸の1つです。一方で、金銭に換算したメリットの大きさは、優待利回り（優待で得られる特典を金額に換算した額を、優待を受けるのに必要な投資額で割った数値）の高さが目安です。たとえば、2,000円分の割引券が株主優待でもらえる

Section 25 株主優待の楽しみも得られる

銘柄を10万円で購入した場合、優待利回りは2%です。優待利回りが高いほど、金銭的なお得さは大きいということです。

なお、多くの銘柄では、単元である100株以上の保有が、株主優待を受ける条件です。小さな単位で少しずつ購入し、将来株主優待を受ける楽しみを持つのもよいかもしれません。

新NISAの場合は優待にこだわらなくてもOK

株主優待はモノで還元しているので、もともと税金がかかりません。課税口座で保有している場合は、配当金も含めた税引後の利益で考えると、株主優待を受けた方が金銭的なメリットが大きいこともあります。一方、**新NISAの場合は、配当金に税金がかかりませんので、株主優待がなくても、配当利回りが高い銘柄を選べばよいという考え方もあります。**

▼ 株主優待とは

● **株主優待とは** … 株主に対して提供される、商品やサービスなどの特典

$$優待利回り（\%） = \frac{優待で得られる特典（金額換算）}{優待を受けるのに必要な投資額} \times 100$$

Point
● 株主優待で、モノやサービスなどの特典が受けられる
● 株主優待のお得さは、優待利回りが参考になる

5

50代・60代からはじめる新NISA戦略

183

Section 26

50代・60代からの iDeCo

自分で年金をつくる制度のiDeCoには、新NISAにはない税制メリットがあります。注意点も理解し、利用を検討しましょう。

iDeCoとは？

iDeCoとは、自分で年金をつくる制度である「個人型確定拠出年金」のことです。新NISAと同様に、運用益が非課税になる他、iDeCoにしかない税制上のメリットがあります。対象者は、65歳まで（2025年からは70歳までに延長予定）、かつ国民年金か厚生年金の加入者（企業型確定拠出年金でマッチング拠出（加入者自身が掛金を上乗せできる制度）を使っている人を除く）です。iDeCoは新NISAと比べて、選べる商品が限られますが、新NISAにはない元本確保型の商品もあります。

IDeCoの税制優遇

拠出時に掛金が所得控除の対象になり、課税所得を減らせるという、新NISAにはないメリットがあります。運用益に対しても非課税です。受取時も、退職所得控除や公的年金等控除の適用になる範囲で非課税になります。新NISAと併用すれば、得られる税制上のメリットは大きくなります。

Section 26　50代・60代からのiDeCo

iDeCoの注意点

　初回手数料や口座管理手数料がかかるため、注意しましょう（下図参照）。運営管理機関（証券会社など）に払う手数料がかかる場合もあります。原則として、受け取りは60歳で、最長75歳まで繰り延べできます。ただし、60歳までの積立期間が10年未満の場合は、60歳で受け取れません。また、遅くとも、75歳には受給開始する必要があります。

　iDeCoを活用することで得られる、掛金の所得控除や運用益の非課税は大きなメリットですが、**積み立てたお金は受取開始時期まで引き出せないため、その点を考慮して利用を検討する必要があります。**

▼ iDeCoのメリットと注意点

iDeCo を使うメリット	iDeCo の注意点
● 新 NISA に加えて、運用益に対する非課税枠をプラスできる ● 拠出時に、掛金が所得控除になることによる節税効果がある	● 受け取り開始時期までは受け取れない ● 損失が出ていても、取り崩さないといけない場合がある ● 手数料がかかる 初回手数料が 2,829 円 ・口座管理手数料が月額最低で 171 円（年 2,052 円） ・運営管理機関（証券会社など）に払う手数料がかかる場合もある ● 受取時に課税される場合がある

Point

● **iDeCoとは、自分で年金をつくるための公的な制度**

● **拠出時の掛金が、所得控除の対象となる**

● **資金に余裕がない場合は新NISAを優先する**

Column
趣味と教養に活かせる投資〜アンティークコイン〜

　世の中にはたくさんの投資商品が存在しており、それぞれ特性や、メリット・リスクが異なります。変動が激しく、未来の予測が難しい時代を生きる私たちにとっては、1つの資産だけではなく、さまざまな変化を想定した資産分散が重要です。ここでは、有価証券に比べて景気変動の影響が小さい実物資産をご紹介します。

　アンティークコインは、日本では聞き慣れないかもしれませんが、実は株式市場よりも古い歴史を持ち、世界的にはポピュラーな資産形成手段です。名前の通り、昔発行された通貨で、古いものは紀元前600年という、気の遠くなるほどの歴史を持ちます。かのナポレオン1世もコイン収集家のひとりで、彼が開いたオークションのカタログは、数百万円で取引されているといいます。

　コインは、貴金属の価値が土台としてあるため、希少性があり、さらにインフレや有事に強いことが特徴です。供給量は絶対に増えることはなく、むしろ綺麗な状態で保たれる量は減っていくため、希少性は時間の経過とともに高まっていきます。コロナショックで株価が下落し、金相場が値上がりした時は、コイン価格も金とともに上がり、株価の回復にともない金相場が下落しても、コイン価格は上昇を続けました。

　刻まれた肖像や紋章で、その時代の歴史を読み解くこともでき、貨幣学・歴史学・紋章学とさまざまな学問の対象となるコインは、教養を深めてくれる資産です。また美術品として手元に置き、目で楽しむことができるというのも、有価証券にはない魅力のひとつです。

第6章

50代・60代の投資はここに注意！

Section 01

50代・60代の
リスクの取り方

老後までの運用期間が短い50代・60代は、近い将来の生活費などを考慮して、必要以上のリスクを取らないよう注意しましょう。

老後資金の形成に必要以上のリスクは不要

　50代・60代から投資で資産形成をはじめる場合、若年層ではじめるよりも運用期間は短くなり、時間の分散や長期投資によるリスクの軽減効果を得づらくなります。

　一方で、老後の家計の不確実性は徐々に減り、必要十分な蓄えがどのくらいか、見当もついてきます。**50代・60代は、老後資金の形成のために、必要以上に大きなリスクを積極的に取らなくてもよいのです。**

無理のない金額で投資する

　新NISAの年間投資枠は年間360万円、夫婦だと合計720万円になります。早く老後資金を作ろうとし、年間投資枠をフルに使うために過度に投資に回してしまうと、相場が急変した時に、慌てることになります。第2章7節で説明した、お金の分類をしっかり行い、余裕資金での運用を徹底しましょう。

Section 01　50代・60代のリスクの取り方

分散の鉄則を忘れずに

　50代・60代は、退職金や相続などで一度に大きなお金が入ることも考えられますが、入った資金の多くを、同じ金融商品へ一括投資することは控えましょう。銘柄や商品の分散、時間の分散の鉄則を忘れずに運用することが大切です。おすすめは、手元資金を按分して投資をする方法です。たとえば2,000万円まとめて受け取り、向こう15年で老後資金をつくりたい場合は、1年間で133万円ほど、月額だと11万円程度を投資に回す、というやり方なら、時間の分散による効果が期待できます。

▼ 50代・60代のリスクヘッジ

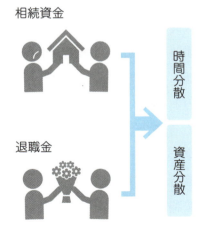

Point
- 50代・60代はリスクを取りすぎないよう注意
- リスクを取りすぎないために、分散投資の鉄則を守る

Section 02

金融機関の営業とネット広告に惑わされない

金融機関のおすすめがよい商品とは限りません。勧められるがままに購入しないよう、気をつけましょう。

対面販売ではすぐに購入しない

対面方式の金融機関で、金融商品の話が出てくる場合は、注意が必要です。

金融機関の営業担当者にもノルマや目標があります。その体系は金融機関によって異なるため、一概にはいえませんが、購入時手数料がノルマなどに入っている場合、手数料の高い金融商品を勧められる可能性があります。また、金融機関によっては、新NISAで投資信託を販売するよりも、一時払い保険などの商品のほうが営業成績になるため、そちらを積極的に勧めてくる場合もあるようです。金融機関で商品を勧められても、すぐに購入を決めずに、持ち帰って信頼できる人に相談するか、自分自身で調べて判断しましょう。**リスクが高すぎないか、手数料などが適切かどうかを確認するのがポイント**です。

また、金融機関では、投資に関するセミナーを開催することがあります。有益な内容ももちろんありますが、商品購入へ誘導することが目的の内容も多いようです。あくまでも、数ある情報の1つと捉えるようにしましょう。

Section **02**　金融機関の営業とネット広告に惑わされない

ネット広告に惑わされない

　ネット証券などで気をつける必要があるのは、ポップアップなどでお知らせされるキャンペーンです。キャッシュバックや、ポイントアップのキャンペーンに誘導されて、意図しない金融商品を保有してしまう可能性に注意が必要です。

　また、新NISA対象の商品ではありませんが、初心者の長期運用に向かないFXなどの金融商品や、見た目の利率はよいものの実はリスクが高い、いわゆる「仕組債」などが手軽に購入できてしまうのも怖いところです。たまたま開いたページに甘い言葉があっても、惑わされないようにしてください。

▼ 注意するべき金融商品の例

FX （外国為替証拠金取引）	レバレッジという仕組みを使って、少ない金額で大きな取引が可能。しっかり管理しないと大きな損失につながることもあるため、初心者には不向き
一時払い 外貨建て保険	一括で大きな金額を入れる必要があるため、分散投資に不向き。よい利率が強調されることが多く、リスクが低そうに見えるが、為替変動リスクがあり、元本割れの可能性がある。手数料も高いことが多い
購入時手数料・信託報酬の高い投資信託	高い費用に見合った運用成果が見込めるかどうかを見分けるのは、初心者には難しい

Point

●**金融商品は、勧められてもその場で購入を決めない**
●**セミナーは金融商品や不動産投資などへの誘導に注意**

6

50代・60代の投資はここに注意！

Section 03

内容が理解できなければ手を出さない

投資する目的を明確にし、商品内容をしっかり理解して投資を行うことが、リスクの抑制につながります。

理解不足は大損につながる

50代・60代になると、退職金や遺産相続といった、まとまったお金を手にする機会があります。そんな時よくありがちな過ちは、投資する目的も定まらない中、自分が理解できない、リスクの高い商品に投資をしてしまうことです。

新NISA対象外の金融商品ですが、仮想通貨やFX、仕組債、保険商品などは、中身の実態や仕組み、注意点が初心者にはなかなか理解できないのが普通です。リスクが低くて利率が高いように見えて、中身は複雑でリスクが高いケースもあります。

こうした商品に投資することがすべて悪いわけではありません。投資の目的がはっきりしていて、それを実現するためであれば、投資する商品の中身を吟味して、自分が理解できる範囲でリスクを取ることは、むしろ投資の本質といえます。

しかし、投資の目的が明確でなく、他人に勧められるがままに高リスクの商品を購入したり、流行りに乗ってなんとなくはじめてしまうと、いざ損失の懸念が高まった時に正しい判断ができず、損を膨らませる可能性が高くなります。

Section 03　内容が理解できなければ手を出さない

自分自身で考え、理解したうえで投資することが大切

　低コストの商品に投資することについても、賛否あります。確かにコストは低いほうがよいですが、信託報酬の高いアクティブファンドの中には、コストを考えても、インデックスファンドより優秀な運用成果をあげている商品もあります。

　すべての人にとって、またあらゆる状況でベストな投資方法は存在しないのです。得た情報をもとに中身を理解し、それが自分にとって必要か、今後状況が変わったらどうなるかを自分の頭で考えて投資することを忘れてはいけません。

▼ 理解できなければ投資しない！

理解していないと、いざという時の判断ができません。老後に向けた資産形成に、その商品は本当に適切かどうか、しっかりと考えて、購入を決めましょう。

迷ったら、購入をやめるということも、大切な判断です。

Point
- 自分が理解できない商品には投資しない
- 勧められたことを鵜呑みにせず、自分で調べて考える習慣をつけることが、リスク抑制につながる

Section 04

高い利率を謳う
金融商品はまず疑う

高い利率を謳う金融商品には、必ず高いリスクが潜んでいます。
安易に手を出さないよう注意しましょう。

高い利率の債券・預金の金融商品に注意

新NISA対象商品ではありませんが、金融商品の中には「年6.00％」など、通常の円建ての預金・債券の金融商品では考えにくい高い利率を謳う商品があります。

こうした金融商品の1つとして、外貨建てで運用されていて、為替変動リスクがある商品があげられます。たとえば外貨預金、外貨建て債券、外貨建て保険などは、高い利率が表示されています。**しかし、為替が円高になった場合は高い金利が得られても、元本が目減りすることで、トータルでは損失になることもあります。**

高い利率を表示している商品としては、株価連動債券などの特殊な債券があります。特定の株価指数や個別企業の株価が基準となり、指定された期間に株価が一定水準以上であれば、元本と利息が受け取れ、水準を割り込めば元本割れとなる仕組みになっています。利益は限定されているのに、元本が大幅に減ってしまうリスクがあり、得られる利益の期待値に比べてリスクが高く、おすすめできる金融商品とはいえません。

Section 04　高い利率を謳う金融商品はまず疑う

　また、仕組預金という商品もあります。高利率で元本保証を謳っていますが、満期を金融機関側が状況に応じて決める仕組みになっています。長期保有になる可能性があり、中途解約ができない、できたとしても元本割れとなるリスクがあるため、定期預金のつもりで気軽に預けるのは避けましょう。
　資産形成は、新NISAの対象商品で、地道に投資して行うことがおすすめです。

▼ 外貨建て高金利商品のリスク

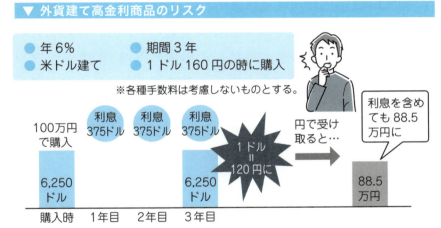

リスクが小さく、リターンの大きい金融商品はありません！
新NISAを使った長期分散積立投資で、時間をかけて増やすのが資産形成の近道です。

Point
● 高い利率を謳う金融商品には、必ず高いリスクがある
● 資産形成は長期積立投資で地道に行う

Section 05
株価下落局面での心構え

株式市場の下落により保有資産に評価損が出ても、慌てず落ち着いて対処しましょう。

株式相場は上昇と下落を繰り返す

　右図は、1995年から現在までの約30年間の日経平均株価の動きです。上昇局面と下落局面を繰り返しながら、概ね上昇トレンドとなっています。ただしこの間、2008年はリーマンショック、2020年はコロナショックによる株価の大幅下落が起こっています。この先も、何らかの理由で株式市場全体が大きく下落する局面が出てくる可能性があります。

長期分散積立投資ならダメージは少ない

　株価インデックスに長期積立していれば、銘柄と時間の分散と、ドルコスト平均法の効果が生きてきます。そのため、運悪く相場下落局面でお金が必要となって取り崩したとしても、大きな実損をともなう可能性は低くなります。

　さらに、債券や金、預金などの、株式以外に資産を分散していれば、ポートフォリオ全体のダメージは、より緩和される可能性が高くなります。**慌てて売ることはせず、落ち着いていつも通りの積み立てを続けましょう。**

Section 05　株価下落局面での心構え

個別株式に一括投資した場合は売却も視野に入れる

　保有している株式の価格が大きく下落している場合、なんらかの手を打つ必要があります。まずは資金を使う予定や、老後の資金計画を見直しましょう。そして、これ以上の損失は耐えられないというポイント（損切ポイント）をあらかじめ決めておいて、売却を断行する勇気も必要となります。

▼ 日経平均株価の推移（1995年7月1日〜2024年7月1日）

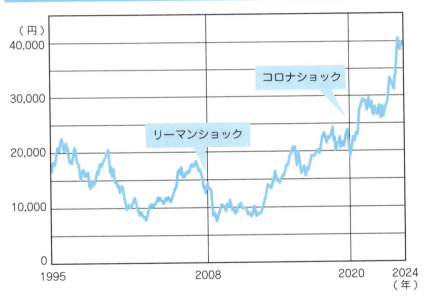

▼ 1995年から日経平均連動型の投信に月1万円ずつ積立投資した場合

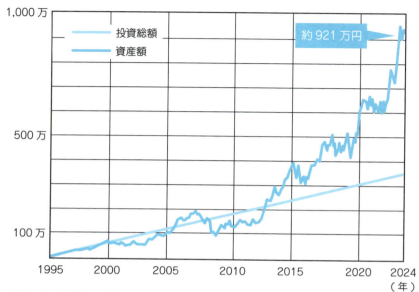

※1995年の基準価額が10,000円・指数に完全に連動する日経225インデックスファンドに積立投資したと仮定（実際に存在する投資信託ではありません）
※1995年7月1日から2024年7月1日まで、毎月月初に購入したと仮定

> 2013年ごろまでは投資額を割り込むタイミングもあったが、それ以降は資産を増やすことができている。
> 相場が下落しても慌てて解約せず、積立投資を続け、すでに保有している資産は持ち続けることが大切。

Point

- 株式市場の下落も想定して投資をする
- 相場の下落時も、いつも通りの積み立てを続ける

Section 06

退職金の運用を焦らない

退職金が入ると、何か有利な商品に投資しなければと思いがち
ですが、焦りによって失敗しないよう注意が必要です。

退職金の運用も基本は同じ

　退職金で大きなお金が一度に入った時に、「何か有利な金融
商品に入れておかないと、もったいない」と感じる人もいるよ
うです。

　**しかし、まとまったお金だからといって、なにか特別な金融
商品に投資するよりも、これまで紹介してきたような長期積立
で分散投資を行うのが堅実な投資方法です。** 第6章3節で述べ
たように、投資初心者の場合、自分が理解できない商品への一
括投資は控えましょう。

退職金運用プランの落とし穴

　よく銀行などで見かけるのが「退職金運用プラン」という、金
融商品とセットで金利が優遇される定期預金です。**年7％ほど
の高金利設定になっていることも多く、一見お得そうですが、
いくつか落とし穴があります。**

　まず、利息で得られる金額よりも、投資信託の購入時手数料
が上回ることが多い点です。多くの退職金運用プランの定期預
金は3ヶ月ものですので、300万円を年7％の定期預金にした
としても、得られる利息は41,834円です（税引後）。また、購
入時手数料がかかる商品しか適用されない場合がほとんどのた

6

50代・60代の投資はここに注意！

め、たとえば300万円で購入時手数料2％の投資信託を購入すると、優遇金利で得られる額よりも多い60,000円分が手数料で引かれてしまいます。

また、金利目当てに多額の一括投資をして、相場の悪化の影響を大きく受けてしまっては元も子もありません。

退職金を上手く運用しようと焦らず、地道な投資が資産形成の近道と心得ましょう。

▼退職金運用プランに注意

よくある退職金運用プラン

- 投資信託など
- 定期預金 金利年3％～年7％程度（大半は3ヶ月もの）

金融商品と同額の定期預金の金利が優遇になる

一括投資が条件の場合も多いです。長期分散、積立投資を第一に考え、本当にメリットがあるプランなのか、よく検討しましょう。

得られる利息と手数料の比較例

3ヶ月もの、年7％の定期預金に預け入れと、購入時手数料2％の投資信託購入を300万円ずつ行った場合	
退職金運用プランで得られる利息	300万円×7％÷4＝52,500円（税引後約41,834円）
投資信託の購入時手数料の金額	300万円×2％＝60,000円

※ 購入時手数料の消費税は考慮していない

Point
- 退職金の運用も、長期積立分散投資が基本
- 退職金運用プランはお得ではないことが多い

第7章

投資の成否を左右する「出口戦略」

Section 01

分散投資が出口戦略に役立つ

新NISAを使った資産形成で大切なのは、出口戦略です。取り崩しやタイミングのコツを押さえておきましょう。

50代・60代は最初から出口戦略を意識する

新NISAで積み立てた資金は、いずれ取り崩しのタイミングがやってきますので、その時に損失を出さないようにしなければなりません。特に運用期間の短い50代・60代は、投資をはじめた時から、出口戦略を意識しておく必要があります。

リスクの異なる投資信託を複数持つ

取り崩しの時になるべく損失を出さないために、運用中からできることとしては、資産を分散させておくことです。ただし、ここでの分散とは、1つの投資信託の中でさまざまな資産に分散されていることではなく、リスクの異なる投資信託を複数種類持っておくということです。

たとえば、取り崩して使いたいタイミングで、運悪く株価の暴落が起こったとします。株式に投資する商品1本で投資をしていた場合、大幅な損失を出して取り崩すことになります。

一方、株式に投資する商品と、バランス型の商品、金などのコモディティに投資する商品を保有している場合、**傷の浅いバ**

Section 01　分散投資が出口戦略に役立つ

ランス型や、コモディティ（金などは株価の下落に強いといわれています）から取り崩すことで損失を抑え、株価の回復を待つことも可能です。

運用後半は積み立てる商品を変更

　戦略として、運用途中からリスクを抑える方向に転換するのもよい方法です。**運用開始数年は、株式に投資する商品をメインに積み立て、取り崩すタイミングが近づいてきたら徐々に株式に投資する割合を減らし、バランス型などを積み立てる割合を増やしていくのです。**リスクをさらに抑えたい場合は、投資する金額を減らし、預貯金の割合を徐々に増やしていってもよいでしょう。

▼ リスクの異なる資産を複数持っておくと安心

下がっていない金か、バランス型を解約して使えば、大きな損をしなくて済むね！

▼ 使うタイミングが近づいたらリスクを抑える

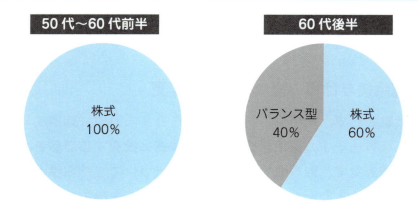

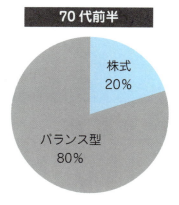

> **Point**
> - 50代・60代は、はじめから出口戦略を意識する
> - リスクの異なる投資信託を複数持つことが出口戦略に役立つ
> - 取り崩すタイミングが近づいたら、リスクを抑えた投資方法にシフトする

Section 02

計画的な利益確定で
リスクを抑える

大幅に利益が出たら、利益確定を検討しましょう。取り崩す間際になって慌てないように、準備することが大切です。

取り崩す前でも運用成果次第で利益確定

取り崩しのタイミングの前であっても、十分な利益が出ていれば、現金化することを検討してもよいでしょう。

投資の世界では「利は伸ばせ」といわれることがありますが、50代・60代からの老後資金形成では、欲を出してはいけません。「相場が上がっているから、もう少し待てばもっと儲かるのでは」と売却を躊躇しているうちに、暴落してしまっては大変です。ポイントは、相場の状況に左右されないよう、上昇率や利益の金額などの目標を設け、「○％の利益が出たら退職後○年間の生活資金の分は現金化する」といった、ルールを決めておくことです。ルールに合致する状況が訪れたら、機械的に売却をするのが、暴落に巻き込まれないポイントです。

なお、現金化をする金額は、目標額との兼ね合いや、自分のリスク許容度に応じて決める必要があります。

7

投資の成否を左右する「出口戦略」

205

利益確定後は安全資産に移す

現金化で利益確定をしたあとの資金は、使う時期が来るまで、金利が多少は高くて安全な定期預金や個人向け国債などの、元本保証のある金融商品にしておきましょう。予想外の利益が得られたら、この機会に第2章3節で洗い出した、やりたいことにチャレンジしてみるのもよいかもしれません。

利益確定後は積立投資のリスクも抑える

利益確定をしたあとの積み立ては、これまでよりもリスクを抑えて続けるのがおすすめです。投資せずとも十分なほど資産が形成できていれば、無理せず預貯金で積み立ててもよいでしょう。

Point

●目標とする運用成果を決めておき、到達したら利益確定をする

●利益確定後は、積立投資のリスクも抑える

Section 02　計画的な利益確定でリスクを抑える

▼ 目標額に到達したら利益確定を検討

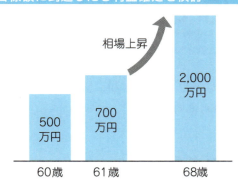

利益確定

利益確定後は
安全資産などに

投資がうまくいって、十分すぎるほどの資産が形成できている場合や、その後のリスクは抑えたい方針であれば、利益確定後は安全資産にしておきましょう。

資産の形成状況や、老後もインフレに備えたい場合は、一部を利益確定する、リスクの小さい商品に切り替えるなどの工夫をしましょう。

Section 03

課税口座はこう使おう

新NISAの非課税枠は大きなメリットですが、課税口座を上手く
併用した出口戦略のたて方もあります。

特定口座を活用して「無税確定」

　生涯投資枠の1,800万円以上を投資する可能性がある人は、
課税口座でも投資をしておくと、新NISAと組み合わせて非課
税メリットを拡大できることがあります。

　新NISA口座で利益が出ている商品を特定口座へ移すと、利
益確定ならぬ「無税確定」ができます。どういうことかというと、
特定口座へ移すときの簿価は、移す時点の時価が適用されるの
です。そのため、特定口座に移した時点より時価が下がった時
に売却すれば「実現損」、上がった時に売却すれば「実現益」とな
ります。

　**これを利用して、新NISA口座で値上がりした投資信託を特
定口座に移しておくと、特定口座での利益を無税にできる場合
があるのです。**

　右図は、商品Aを新NISAで購入し、100万円値上がりした
時に特定口座に移動、そこから50万円下がったタイミングで、
もともと特定口座で保有していて50万円値上がりしている商
品Bを解約して得た利益と損益通算するケースです。商品Aは、
新NISAでの値上がりを含めると実質50万円の利益ですが、特
定口座では実現損扱いになるため、損益通算ができるのです。

Section 03　課税口座はこう使おう

　もし、商品Aを新NISAのまま保有し続けて、同じタイミングで解約した場合、特定口座で保有していた商品Bの値上がり益には課税されてしまいます。

　課税口座と新NISAを上手く使い、損益通算を考慮に入れた出口戦略をたてることで、よりメリットを享受することができるのです。

▼ 新NISAで利益が出たら無税を確定しよう

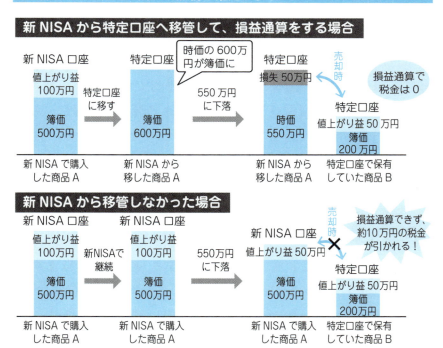

Point
- 課税口座で投資をしておくと税務上有利な場合がある
- 課税口座を活用して、値上がり益の無税が確定できる

Section 04

非課税メリットをさらに有効活用する方法

相場の状況に応じて購入する投資信託を変更すると、取り崩す時に新NISAの非課税メリットをより有効に利用できます。

投資信託の簿価は「平均化」される

お金が必要な際、安い時に購入した分だけ解約して実現損を避け、残りは相場の回復を待てれば理想的です。

しかし、同じ投資信託を何度かに分けて購入した場合、取得単価はその都度購入価格で加重平均され、変わってしまいます。「価格が安かった時に購入した分だけ解約する」ということはできないのです。

同じ指数に連動する複数の投資信託を使い分ける

一方、実質的にこれをできるようにするやり方があります。

インデックスファンドは、同じ指数に連動する投資信託でも、運用会社がそれぞれ異なる銘柄として出しています。たとえば米国のS&P500という指数に連動する投資信託は、SBI証券で取り扱っているだけでも10銘柄以上存在します。

同じ指数に連動する投資信託でも、銘柄が別であれば取得単価は平均化されません。これを利用するのです。

運用状況をチェックしていると、大幅に評価益が出ているタ

Section 04　非課税メリットをさらに有効活用する方法

イミングや、逆に大きく評価損が出ているタイミングに出会うことがあります。**そうしたタイミングで、同じ指数に連動する別の銘柄に切り替え、複数の異なる取得単価の銘柄を保有します。**評価益が出ているほうを優先的に解約すると、新NISAの非課税メリットをより有効に利用することができます。

▼ 相場の水準によって商品を切り替えると……

投資信託Aをずっと積み立てた場合

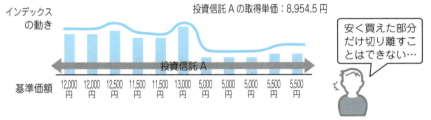

下落したタイミングで投資信託Bに切り替えた場合

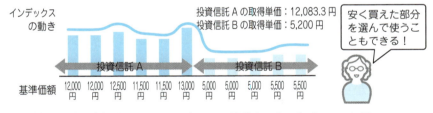

※投資信託Aと投資信託Bは同じインデックスに連動するインデックスファンド
※基準価額は1万口あたり
※インデックスに対する基準価額の水準は商品によって異なるが、説明を簡潔にするため投資信託Aと投資信託Bは同じインデックスに対して同じ水準の基準価額であると仮定
※計算を単純化するために1万口ずつ購入した場合を仮定。手数料・その他費用は考慮しない

Point

- 投資信託の取得単価は、購入の都度、平均化される
- 異なる取得単価の銘柄をリスク回避に役立てる

211

Section 05

資産寿命を延ばす！
賢い取り崩し方

どのくらい資産を長持ちさせられるかは、資産の取り崩し方によって変わります。取り崩し方による違いを確認しましょう。

投資を続けながら取り崩せば資産が長持ち

老後資金として十分な資産が築けていれば、リスクを抑えるために全額を現金化してしまう戦略も一案ですが、基本となるのは、使う分だけ取り崩して、残りは投資を続ける方法です。

たとえば、投資をすることで、2,000万円の資産を築くことができた場合を考えてみましょう。

すべて現金に換えて毎月10万円を取り崩した場合、16年間と少しで資産は底を尽きます。**一方、同じ額を年利回り4%で運用しながら取り崩すと、資産は27年間もつことになります。**

一方で、相場が下落した場合などは、上記の前提が崩れることもあります。第7章2節で説明した利益確定の考え方も取り入れて、リスクをコントロールしながら取り崩しの計画をしましょう。

定率と定額、どちらがよいか？

ネット証券などには、自動で解約や売却をしてくれるサービスがあります。このサービスは、解約や売却の方法を定率か定

Section 05　資産寿命を延ばす！ 賢い取り崩し方

額か選べるようになっているのですが、どちらのほうがよいのでしょうか。

　定率で取り崩すと資産がより長持ちするという話や、取り崩しの前半は定率、後半は定額がよいという意見もあります。ただし、定率の場合、受け取れる金額が毎月変わり、しかも基本的には減少していきます。たとえば、2,000万円を年利回り4％で運用しながら、8％の定率で70歳から取り崩すと、最初は月に13万円ほど受け取れますが、90歳では月に6万円しか受け取れなくなります。途中で定額に変更するのも厄介ですので、定額で受け取るほうがシンプルでよいでしょう。

▼ 資産2,000万円の取り崩し比較

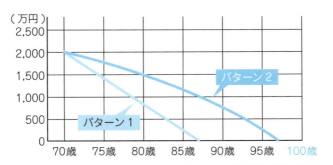

資産2,000万円を70歳から毎月10万円取り崩す場合
パターン1：運用しない場合…86歳8ヶ月で資産が尽きる
パターン2：年利回り4％で運用しながら取り崩した場合
　　　　　…97歳まで資産がもつ

Point
● 使う分だけ取り崩して、残りは運用を続ける
● リスクコントロールのために利益確定をする

7　投資の成否を左右する「出口戦略」

213

Column
趣味と教養に活かせる投資〜ウイスキーカスク〜

　実物資産の第2弾として、ウイスキーカスクをご紹介しましょう。

　「カスク」とは、樽のことを指します。ウイスキーの樽がなぜ資産形成の役に立つのかと思われるかもしれませんが、ウイスキーは熟成と共に価値が上昇する傾向があるため、その売却益を期待した投資ができるのです。

　ウイスキーカスクへの投資は、イギリス政府主導で構築された仕組みで、もともとの目的はスコットランドの蒸溜所経営支援です。そのため、投資家が購入した樽の情報管理は、イギリス政府管理下で行われます。

　ウイスキーは実物資産であるため、マーケット変動の影響を受けにくく、熟成年数と共に価値が上昇するという、わかりやすさがあります。また、その成長率も年間資本成長率が12％〜14％と、非常に高い実績を持ちます。さらに、「当たり年」や「はずれ年」といった、製造年による品質の変動もありません。専門知識が必要ないため、数年単位でじっくりと熟成を待つことができる人にとっては、ぴったりな資産形成手段といえるでしょう。なお、お酒が飲めなくても、不利になることはありません。

　初心者がはじめやすいのは、スコッチウイスキーへの投資です。世界のウイスキー消費量の60％を占め、需要が多いため、安定的な価値の上昇が期待できます。

　樽を購入した後は、熟成を楽しみに待つだけです。その間にBARや自宅で購入した樽の蒸溜所のウイスキーを飲みながら、自分のウイスキーはどんな味になるのかなと想いを馳せながら過ごしてみるのも楽しいでしょう。

　単なる「投資」という一面だけでなく、さまざまな楽しみ方ができる資産です。趣味と教養を兼ね備えた資産形成といえるでしょう。

索引

アルファベット

EPS.........................180
ETF.........................66
iDeCo.......................184
J-REIT......................68
MRF.........................104
MSCI ACWI...........131,150
MSCI オール・カントリー・ワールド・
インデックス................150
NASDAQ....................131
NISA.........................26
NYダウ平均..................131
PBR.........................181
PER.........................181
REIT........................68
S&P500.............131,153
TOPIX.............131,147

あ行

アクティブファンド............132
預かり金.....................104
安全資産....................170
移管........................117

一般口座....................102
インカムゲイン...............42
インデックス.................129
インデックスファンド.........129
営業利益率..................180

か行

外国為替手数料..............94
格付け......................60
確定申告....................102
課税口座....................208
株価の変動要因.............175
株価変動リスク...............73
株式........................58
株式数比例配分方式........178
株式投資...................172
株主優待...................182
為替変動リスク..............72
基準価額...................111
キャピタルゲイン.............42
旧NISA.....................119
金投資.....................158
繰上償還...................136

215

繰越控除	116	証券口座	100
経常利益率	180	上場株式	59
健康寿命	20	上場投資信託	66
源泉徴収	104	消費者物価指数	19
権利確定日	177	新NISA口座	100
購入時手数料	93	信託期間	136,142
個人型確定拠出年金	184	信託財産留保額	93
個別銘柄指定方式	178	信託報酬	93,134
コモディティ	62	成長投資枠	30,163
		損益通算	116
		損切ポイント	197

さ行

債券	60
債券型投資信託	144
先物取引	62
時価	112
時間の分散	76
自己資本比率	181
資産の分散	74
実現損益	113
シャープレシオ	89
取得単価	111
純資産総額	136
純流出	139
生涯投資枠	34
少額投資非課税制度	26
償還金	136

た行

単元未満株	173
地域の分散	75
通貨の分散	75
つみたて投資枠	30,160
投機	42
投資	42
投資信託	64,127
投資対象の分散	74
登録配当金受領口座方式	178
トータルリターン	133
特定口座	102
取引手数料	94
ドルコスト平均法	80

な行

日経225 146

日経平均株価. 131,146

年間投資枠 32

ノーロード 36,135

は行

配当金 58,177

発行体 60

バランス型投資信託 156

非課税期間 28

評価額. 112

評価損益 112

標準偏差 89

ファンドマネージャー 132

含み損益 112

複利効果 82

ポートフォリオ 84

簿価. 34

簿価単価 111

ま行

目論見書 133

ら行

利益確定 205

リスク. 70

リスク許容度 91

リバランス 86

217

memo

著者プロフィール

工藤　将太郎（くどう　しょうたろう）

株式会社クレア・ライフ・パートナーズ代表取締役社長。

1983年大分県大分市生まれ。西南学院大学経済学部卒業後、日本生命保険相互会社に入社。クライアント企業の人事部、財務部や各営業セクションとのリレーションシップマネジメント業務に従事。主に外資系金融機関（証券・銀行・投資顧問）や、私立大学学校法人の確定拠出型企業年金、弔慰金制度などの福利厚生制度の構築を担当。

2012年起業し、株式会社クレア・ライフ・パートナーズを設立、世界一周へ旅立つ。

「なぜ日本人は生命保険ばかりに偏るのか？」「なぜ資産形成＝投資ありきなのか？」という疑問から、個人投資家の最大の目的は「ライフプランの実現である」という信念のもと、大きな手持ち資金がなくともできる将来対策法や、仕事や子育てが忙しくても継続できる仕組みづくりをサービスの基本とし、「マネーパズル®」や「ハイブリッドプランニング®」などの独自のノウハウを確立。「効率のよい資産配分」「早期対策の有効性」「行動することの必要性」などをテーマとし、投資で増やすだけではなく、支出管理や社会保障制度・勤務先福利厚生制度の活用を行い、今ある手元資金と投資可能期間を最大限に活用した資産形成を推奨する。また、行政や免許の壁により、資産形成に関する事業者のサービス領域が縦割り化し、消費者が本来行いたい「比較検討」ができない構造を解決すべく、オールアセットワンストップを掲げ業界の垣根を超えた横断的なサービスを実現。

編集協力

株式会社クレア・ライフ・パートナーズ

石川　福美

高橋　俊樹

| 装丁　古屋　真樹（志岐デザイン事務所）
| カバーイラスト　角　一葉
| 本文図版・イラスト　加賀谷　育子

老後のお金の不安をなくす
50代・60代からの新NISA

| 発行日　2024年11月3日　　　第1版第1刷

著　者　工藤　将太郎

発行者　斉藤　和邦
発行所　株式会社　秀和システム
　　　　〒135-0016
　　　　東京都江東区東陽2-4-2　新宮ビル2F
　　　　Tel 03-6264-3105（販売）Fax 03-6264-3094
印刷所　三松堂印刷株式会社　　　Printed in Japan

ISBN978-4-7980-7317-0 C0033

定価はカバーに表示してあります。
乱丁本・落丁本はお取りかえいたします。
本書に関するご質問については、ご質問の内容と住所、氏名、
電話番号を明記のうえ、当社編集部宛FAXまたは書面にてお送
りください。お電話によるご質問は受け付けておりませんので
あらかじめご了承ください。